AF589546

Ancrées dans le Nouvel-Ontario, les Éditions Prise de parole appuient les auteurs et les créateurs d'expression et de culture françaises au Canada, en privilégiant des œuvres de facture contemporaine.

Éditions Prise de parole
C.P. 550, Sudbury (Ontario)
Canada P3E 4R2
www.prisedeparole.ca

Nous reconnaissons l'aide financière du gouvernement du Canada par l'entremise du Fonds du livre du Canada (FLC), du programme Développement des communautés de langue officielle de Patrimoine canadien, et du Conseil des Arts du Canada pour nos activités d'édition. La maison d'édition remercie également le Conseil des Arts de l'Ontario et la Ville du Grand Sudbury de leur appui financier.

French Town

Du même auteur

Théâtre

Le dire de Di, Sudbury, Éditions Prise de parole, 2018.
La fille d'argile, Sudbury, Éditions Prise de parole, 2015.
French Town, Sudbury, Éditions Prise de parole, 2014; Éditions du Nordir [2008, 1994], prix du Gouverneur général.
ABC Démolition, Sudbury, Éditions Prise de parole, 2013.
La guerre au ventre, Ottawa, Le Nordir, 2011, prix Michel-Tremblay.
Iphigénie en trichromie suivi de *La colère d'Achille*, Sudbury, Éditions Prise de parole, 2009.
L'homme effacé, Ottawa, Le Nordir, 2008 [1997].
Le testament du couturier, Ottawa, Le Nordir, 2008 [2002], prix Trillium.
Willy Graf, Sudbury, Éditions Prise de parole, 2007.
Requiem suivi de *Fausse route*, Ottawa, Le Nordir, 2001.
La dernière fugue suivi de *Duel* et *King Edward*, Ottawa, Le Nordir, 1999.
Le bateleur, Ottawa, Le Nordir, 1995.
Corbeaux en exil, Ottawa, Le Nordir, 1992.

Roman

Trompeuses lumières, Sudbury, Éditions Prise de parole, 2017.
Fractures du dimanche, Sudbury, Éditions Prise de parole, 2010.
Tombeaux, Ottawa, Éditions L'Interligne, 1999.

Beau livre

Cent bornes, en collaboration avec Laurent Vaillancourt, Sudbury, Éditions Prise de parole, 1995.

Poésie

Pliures, Sudbury, Éditions Prise de parole, 2016.
Frères d'hiver, Sudbury, Éditions Prise de parole, 2006.
Symphonie pour douze violoncellistes et un chien enragé, avec Michel Louis Beauchamp et Louise Nolan, Ottawa, Le Nordir, 2002.

Livres pour enfants

Capitaine Baboune, Moncton, Bouton d'or Acadie, coll. « Lune montante », 2013.
Dans le ventre de l'ogre, Moncton, Bouton d'or Acadie, coll. « Lune montante », 2011.
Diane et le loup, Moncton, Bouton d'or Acadie, coll. « Lune montante », 2008.

Michel Ouellette

French Town

Théâtre

Bibliothèque canadienne-française
Éditions Prise de parole
Sudbury 2014

Œuvre en première de couverture : Christian Quesnel
Conception de la couverture : Olivier Lasser

Cet ouvrage a été publié originalement aux Éditions du Nordir.

Imprimé au Canada.

Diffusion au Canada : Dimedia

Catalogage avant publication de Bibliothèque et Archives Canada
Ouellette, Michel, 1961-, auteur
French town / Michel Ouellette. – 2e édition.
(Bibliothèque canadienne-française)
Pièce de théâtre.
Publié à l'origine : Ottawa : Éditions du Nordir, 1994.
Publié en formats imprimé(s) et électronique(s).
ISBN 978-2-89423-930-8.–ISBN 978-2-89423-770-0 (pdf).–
ISBN 978-2-89744-008-4 (epub)
I. Titre. II. Collection : Bibliothèque canadienne-française
(Sudbury, Ont.)
PS8579.U424F74 2014 C842'.54 C2014-900699-3
C2014-900700-0

ISBN 978-2-89423-930-8 (Papier)
ISBN 978-2-89423-770-0 (PDF)
ISBN 978-2-89744-008-4 (ePub)

Préface

J'ai découvert et rencontré Michel Ouellette lors d'une «semaine de la dramaturgie» à Montréal en 1998. Jacques Vézina, alors directeur du Centre des auteurs dramatiques, tenait à me faire lire cette littérature théâtrale «minoritaire de la minorité» pour me permettre de confronter le regard wallon à la conception franco-ontarienne de l'art de la scène.

Rapidement, Michel et moi avons construit une véritable amitié de laquelle est née une envie de faire du théâtre ensemble, ce qui sera, espérons-le, chose faite à moyen terme.

J'ai été frappé immédiatement par une œuvre forte, âpre, dure et crue qui m'a plongé, avec mon regard européen, dans un monde neuf, autre, et qui, à la relecture, m'a rappelé la naissance du théâtre à Athènes il y a 2 500 ans.

French Town est une tragédie contemporaine à l'écriture fulgurante, au cours de laquelle les personnages sont ballottés, guidés inconsciemment par le destin, par des forces indépendantes de l'humain auxquelles ils ne peuvent échapper. Dieu, comme souvent dans le théâtre canadien, est très présent, tout comme les éléments naturels, la forêt, l'hiver, le feu… La liberté de chacun en restera toujours limitée.

Les personnages de Ouellette dans *French Town* n'ont qu'une seule envie, un seul désir, une volonté extérieure à eux-mêmes qui les pousse à des comportements excessifs : changer, être autre chose ou autre part, changer de statut, de sexe, de vie et d'endroit où vivre.

Les personnages de Ouellette veulent partir. Un destin tragique les manipule à un point tel que souvent ils reviennent contre leur gré et contre la volonté des autres, contre la vie elle-même.

Les morts parlent dans le théâtre de Ouellette, les défunts ne sont jamais complètement absents, ils réapparaissent porteurs d'une double malédiction : la leur et celle des autres, celle du passé et celle du présent.

Ce mélange des temps impliqué par une forme contemporaine du chœur antique permet aussi de déstructurer l'espace, de juxtaposer des personnages multiples dans un espace-temps pluriel, et de donner ainsi à ce théâtre de revendication existentielle la forme d'un cérémonial macabre qui remet en question la possibilité d'une vie sociale normale. Tous les sentiments extrêmes dans *French Town* et la juxtaposition, la confrontation violente de ceux-ci vont provoquer un déséquilibre schizophrène dans chaque personnage et dans la société en général.

French Town est une pièce aux multiples entrées, et chaque personnage est porteur de sa propre histoire ; c'est aussi et peut-être surtout un récit de violence qui exacerbe les conflits fondamentaux mythiques. À French Town, on vénère la virilité, la femme n'a qu'une fonction subalterne et le conflit qui résulte de ce déséquilibre apporte le malheur que ne peuvent réparer ni la religion, ni la montée sociale, ni l'amour. Existe-t-il encore d'ailleurs, cet amour ? Est-ce que tout n'est pas régi par une haine inscrite au plus profond de chaque individu ? Ouellette ne donne à ses créatures que très peu d'espoir de s'en sortir.

Michel Tanner
Chef du Service provincial des Arts de la scène
Province du Hainaut, Belgique

French Town a été créée à Sudbury le 24 mars 1993 par le Théâtre du Nouvel-Ontario et le Théâtre français du Centre national des arts, dans une mise en scène de Sylvie Dufour, assistée de Diane Fortin, avec une scénographie de Jean Bard, des éclairages de Sylvie Lavoie, une musique et des effets sonores de Dominique Saint-Pierre et une régie de Diane Fortin.

Conseillère dramaturgique : Sylvie Dufour

DISTRIBUTION

Lyette Goyette	Simone
Roch Castonguay	Pierre-Paul
Danièle Aubut	Cindy
Éloi Savoie	Martin

NOTE : La scénographie à la création du spectacle proposait un décor sobre et dépouillé – une galerie métallique sur laquelle se trouve une vieille laveuse qui occupe l'espace central arrière ; d'un côté, l'espace de Cindy, représenté par une vieille banquette de camionnette ; de l'autre côté, l'espace de Pierre-Paul, représenté par un fauteuil de bureau à roulettes.

Première partie

Simone
Je m'appelle Simone Bédard.

Pierre-Paul
Tais-toi.

Cindy
Farme-toé.

Martin
Raconte.

Simone
Je peux pas toute dire.

Martin
Je vais t'aider. Recommence du début.

Simone
French Town…

Pause.

C'était un village dans le village de Timber Falls. Pas juste un quartier, là.

Temps.

Faut dire que Timber Falls, dans c'temps-là, c'était pas organisé comme aujourd'hui. Vraiment, tout était à faire. Y avait même pas de lois.

PIERRE-PAUL

Le participe passé conjugué avec être s'accorde en genre et en nombre avec le sujet du verbe.

CINDY

Qu'est-cé t'as, toé, stie ?

SIMONE

Y avait même pas de maire à Timber Falls.

PIERRE-PAUL

Le participe passé conjugué avec avoir…

SIMONE

Mais dans French Town, on avait le curé. Monsieur le curé.

MARTIN

Monsieur le curé.

CINDY

Qu'est-cé qui se passe dans maison ? Chrisse, y est en train de toute défaire !

SIMONE

Y avait pas d'église, fa que monsieur le curé disait la messe dans la grande cantine communautaire.

Pierre-Paul
… règle générale – s'accorde en genre et en nombre avec son complément d'objet direct…

Cindy
Toé qui l'as faite enrager noir de même, stie de câlice ?

Pierre-Paul
… lorsque ce complément le précède.

Simone
Pis c'est dans la cantine aussi que j'allais à l'école. Des fois, les odeurs de bines pis d'encens flottaient dins airs pis t'avais la tête qui te tournait pis la bedaine qui grognait en même temps…

Cindy
Chrisse ! Arrête de marmonner !… Qu'est-cé que t'y as faite ?

Pierre-Paul
Le participe passé employé sans auxiliaire s'accorde…

Cindy
Parle ! Parle !… Rien à faire avec toé, stie !

Simone
French Town. Ça s'appelait de même à cause que c'était là que les Canadiens français vivaient avec leurs familles. Les autres, les Anglais…

Pierre-Paul
… en genre et en nombre avec le nom auquel il se rapporte.

Cindy
M'as aller l'arrêter avant qu'y se fasse mal.

Simone
Tout le monde travaillait pour la compagnie. Une compagnie de New York. Coupait des arbres pour faire du papier… Mon pére…

Cindy
P'pa ! Arrête ça, stie !

Simone
C'était y a longtemps.

Pierre-Paul
En général, le féminin d'un nom se forme en ajoutant un e au masculin.

Simone
J'ai eu trois enfants… Mon gars. Lui là. C'est Pierre-Paul. Y est vieux garçon.

Pierre-Paul
La route est bordée de conifères rachitiques. Bordée, participe passé conjugué avec être, e accent aigu e.

Simone
Y parle tellement bien que des fois j'ai de la misére à comprendre ce qu'y dit.

PIERRE-PAUL
C'est la bonne route que j'ai prise. Prise, participe passé conjugué avec avoir, e.

SIMONE
Un vrai dictionnaire.

PIERRE-PAUL
Je roule vers une maison habitée par ma sœur. Habitée, participe passé sans auxiliaire, e accent aigu e.

SIMONE
Y travaille dans un office au gouvernement. Toute ce que je sais.

CINDY
Eh ! Câlice de tabarnak de chrisse !

SIMONE
Ma fille.

CINDY
Chrisse de câlice de tabarnak ! Veut pas partir, le vieux sacrament !

SIMONE
A sacre tout le temps.

CINDY
Fuck de marde ! Quoi que t'as ? Changé c'qu'était usé. *Tighté* c'qu'était *loose*.

Simone
A parle comme son pére, Gilbert. A va finir comme lui…

Cindy
Stie de bazou !

Simone
Mourir à p'tit feu sur un lit d'hôpital, des tubes partout, même pus capable de tousser, jusse capable de dire « Stie ! Stie ! » du boute des lèvres.

Cindy
Stie ! Stie !

Martin
Du bœuf haché, du porc haché, de l'ail, un oignon moyen…

Simone
Martin, mon plus jeune.

Martin
… du thym, de la cannelle, du sel…

Simone
Y est à l'université.

Martin
… du sel de céleri, du clou de girofle, de l'eau bouillante…

Simone
C'est un bon p'tit gars.

Martin
La croûte : farine, lard, poudre à pâte, sucre brun, œuf, eau froide, vinaigre et sel.

Simone
Je l'ai eu sur le tard. Quand j'avais l'âge des grands-méres.

Martin
Ça sera pas comme les tourtières de m'man, mais ça va être des tourtières pareil.

Simone
Mais j'ai jamais été grand-mére, moé.

Martin
Pas Cindy ni Pierre-Paul qui se donneraient c'te peine-là.

Simone
Pouvais pas compter sur Cindy pour m'faire des p'tits-enfants.

Cindy
M'as te haler à *dompe*, toé, stie !

Simone
Pis Pierre-Paul non plus. Y a attendu trop longtemps, ça s'est toute gaspillé.

Pierre-Paul
Le pluriel des noms communs se forme en ajoutant un s au singulier.

SIMONE
Des enfants, c'est l'espoir. Faut croire qu'y a pus d'espoir dans ma famille. C'est peut-être ben de ma faute. C'est peut-être pas juste à cause de Gilbert.

PIERRE-PAUL
Bobotte !

SIMONE
Hon ! C'est pas beau, ça.

PIERRE-PAUL
Bobotte !

SIMONE
Y avait du monde dans le village qui l'appelait de même.

PIERRE-PAUL
Bobotte !

SIMONE
Pour rire de lui.

PIERRE-PAUL
Bobotte !

SIMONE
Pierre-Paul pis Gilbert, c'était comme chien et chat dans maison. Fa que, pour avoir la paix, je l'ai envoyé étudier en pension au séminaire. Pierre-Paul, pas Gilbert.

PIERRE-PAUL

Bail, corail, émail, soupirail, travail, vantail, vitrail ont le pluriel en a-u-x.

SIMONE

Travaillé comme une folle à laver le linge des autres pour pouvoir le garder là, même si j'aurais tant voulu l'avoir près de moé… Mais je suis contente pareil, aujourd'hui, y est quelqu'un.

PIERRE-PAUL

Bijou, caillou, chou, genou, hibou, joujou, pou prennent un x au pluriel.

CINDY

Tourne, mon gros chrisse!… Stie! Devrait tourner.

SIMONE

Ma Cindy… Ben, Sophie. Oui, c'était ça son nom de baptême…

CINDY

Changé ce qu'tais pas capable d'arranger.

SIMONE

Elle, c'était différent. La seule qui pouvait approcher Gilbert sans se faire revirer de bord. Peut-être parce qu'a y demandait rien, a faisait juste le suivre en silence, juste le regarder travailler sur son pick-up dans le garage. Était comme son ombre…

CINDY
Gilbert, chrisse ! Tu l'as *scrappé* comme y faut, le bazou.

SIMONE
Est allée à chasse avec lui. T'allée à pêche. T'allée boire de la biére à l'hôtel. T'allée travailler avec lui au moulin quand a l'a eu l'âge.

CINDY
M'as t'avoir, pareil, toé. Tu vas partir, stie ! Rien d'autre à faire, m'occuper de toé. Tabarnak de moulin ! Fermé, asteure !... Jusse moé pis toé, là.

SIMONE
Pris sa place quand y est mort du cancer.

CINDY
Stie de Gilbert ! Tu me fais suer sur ton bazou. Stie ! Stie !

SIMONE
C'est de ma faute si a l'est comme a l'est. Elle a jamais voulu être comme moé. Pis Gilbert y en a fait un gars, parce son premier fils voulait pas être comme lui.

PIERRE-PAUL
L'adverbe est un mot invariable qui modifie le sens d'un adjectif, d'un verbe ou d'un autre adverbe.

Simone
Y comprenait rien, Gilbert. Pis quand tu comprends rien, tu fesses.

Pierre-Paul
Il est fort impatient. Il hurle trop. Il a frappé son fils très brutalement.

Simone
Parce c'tait vide en dedans de lui, pis le vide, y a personne qui peut vivre avec ça.

Martin
M' man ?

Simone
Martin, lui. Y est pas comme les deux autres…
Pause.
Peut-être qu'y va avoir des enfants, lui… Y va peut-être mettre de l'espoir dans la famille… Mais va être trop tard… pour moé.

Pierre-Paul
Maman est morte.

Simone
Je suis morte quelques jours avant l'Action de grâce.

Pierre-Paul
Morte, adjectif, e.

Cindy
Chrisse de guénilles, ça.

SIMONE

Noël à French Town. Toujours une tempête à arracher les corniches. Emmitouflées dans notre linge, robe par-dessus robe, manteau par-dessus manteau, des épaisseurs de linge…

Cindy plie et range les robes dans une boîte.

CINDY

Bon, m'as donner ça aux pauvres, stie. Arais dû le faire avant.

SIMONE

Ça chante dans la cantine… Ça toussote. Des voix mêlées… La madame, a fausse. Le monsieur, y fredonne. Y se souvient pas des mots. L'autre, y se balance comme un grand pendule.

CINDY

Pas le temps qui m'a manqué, stie de chrisse. Juste que… ça me tentait pas de rentrer dans sa chambre pis de fouiller dans ses garde-robes pis ses tiroirs. Ça sent la vieille là-dedans.

SIMONE

Ça sent… la tourtiére.

MARTIN

Regarde. Une lettre pour toi.

CINDY

Jette-la dans poubelle.

MARTIN
Ça vient de la Colombie-Britannique.

CINDY
Sais d'où ça vient!

MARTIN
Tu l'ouvres pas?

CINDY
Veux pas me faire achaler, stie de tabarnak.

MARTIN
C'est ben Henri qui reste en Colombie-Britannique, hein? C'est lui qui t'écrit?

CINDY
Lâche-moé avec lui, toé.

MARTIN
Excuse.

Temps.

Qu'est-ce que tu comptes faire avec toutes les robes de m'man?

CINDY
Les donner aux pauvres.

MARTIN
Tu penses pas en garder?

CINDY
Pour quoi faire, stie?

Martin
Y en a des belles qui pourraient te faire.

Cindy
Tabarnak ! Moé en robe ?

Martin
Tiens, celle-là, je suis sûr qu'elle te ferait bien.

Cindy
Laisse ça là. Vas toutes les donner. Pis si personne les veut, les jette à dompe. Compris, stie ?

Martin
Tu devrais au moins garder celle-là. C'est la robe que Pierre-Paul lui avait achetée pour sa fête, l'année passée. Elle est presque neuve.

Cindy
Touche pas.

Martin
On peut pas jeter ça. On va les mettre dans des boîtes pis tout ranger ça dans le garage.

Cindy
Le garage est déjà plein de cochonneries.

Martin
Je vais m'en occuper.

Cindy
Tiens, câlice !

MARTIN
Je vais les laver avant.

CINDY
Laveras tes draps, itou. Pas certain que ton moumoune de frére voudrait dormir dans des draps sales. Peux déménager tes affaires dans la chambre de la mére.

MARTIN
Dans chambre de m'man ?

CINDY
Pas pour dormir dans le même litte que ton frére, hein ? Stie !

MARTIN
Je pourrais dormir sur le divan.

CINDY
Comme tu veux ! Juste qu'y va avoir un litte de libre, c'est toute. Ça me casse pas une gosse, moé, stie.

MARTIN
Pierre-Paul devrait arriver bientôt.

CINDY
Probablement rentré dans un banc de neige, stie d'tète. Va ben le voir arriver toute débraillé, les yeux dans le même trou pis une patte dans le plâtre, l'innocent.

MARTIN
Il va être fâché de pas voir sa pancarte À VENDRE.

CINDY
Rien à vendre icitte, stie de câlice!
Temps.

MARTIN
Ça va être notre premier Noël sans m'man.

CINDY
J'vas passer à travers, stie.

MARTIN
Je pensais faire une crèche comme m'man faisait.

SIMONE
C'est beau.

CINDY
Stie d'tète!

MARTIN
Tu m'aiderais-tu à préparer le repas de Noël?

CINDY
Quoi c't'idée-là?

MARTIN
Je pensais faire des tourtières, pis faire cuire une dinde. Quelque chose comme ça. Faire comme m'man aurait fait.

CINDY

Tabarnak! Vas-tu ben nous lâcher avec c'tes folleries-là, toé? Est partie, là. Pas besoin de la ramener icitte.

MARTIN

On va passer Noël ensemble, il me semble qu'on pourrait se donner la peine de se mettre dans l'esprit des Fêtes.

CINDY

Va se saouler comme des bons, pis ça va être ben assez, stie. Pas besoin de manger de la tourtiére.

MARTIN

Ça va nous faire du bien.

CINDY

Chrisse! Pas moé qui vous a forcés à venir, toé pis l'autre, stie! Moé, j'aime autant pas vous voir icitte.

MARTIN

On est une famille.

CINDY

Achale-moé pas avec ça, toé. La famille! Quoi ça veut dire, ça? Stie, quand la mére était là, fallait ben jouer aux singes devant elle, pour y faire plaisir. Mais là, stie, est pas là. Fa que moé je me mettrai pas dans vos jambes, pis mettez-vous pas dins miennes.

MARTIN

Ça t'inquiète le lock-out du moulin, hein?

Cindy
Mêle-toé pas de mes affaires, toé.

Martin
Ça dure depuis six semaines. C'est long. Je comprends que…

Cindy
Stie, c'est pas la fin du monde. Ça va pas durer trop longtemps. Toffer l'hiver pis au printemps toute va être correct.

Martin
La compagnie parle de fermer l'usine pour de bon.

Cindy
C'est rien que du gossipage pour faire peur à l'union, pour qu'on prenne des baisses de salaire, stie de chrisse !

Simone
Tu vas-tu être obligée d'aller te chercher une job ailleurs ?

Martin
Tu vas peut-être être obligée d'aller te chercher une job ailleurs ?

Cindy
T'es don ben achalant, toé. Dirait que t'es comme la mére. Poser des questions à tout bout de champ comme un innocent. Pas de tes affaires, *fuck* !

Martin
Cindy, moi, ça va pas très bien à l'université… Je me suis même pas présenté à mes trois derniers examens. C'est pour ça que je suis arrivé plus tôt que prévu.

Cindy
Stie!

Martin
C'est ma dernière année, je commence tout juste à me rendre compte que j'aime pas ça, l'administration des affaires. Ça me tente pas de devenir fonctionnaire comme Pierre-Paul.

Cindy
Casse-toé pas les gosses. Fais ce que tu veux, chrisse!

Martin
J'ai pas envie de retourner à l'université après Noël. Je pensais rester ici.

Pierre-Paul
Quel temps de chien! Je ne sais pourquoi je m'aventure jusqu'ici d'année en année!

Cindy
V'là l'tète!

Simone
Oh, les cadeaux!

Pierre-Paul
Mais enfin! Je suis heureux d'être arrivé à bon port.

CINDY
À l'arvoyure!

PIERRE-PAUL
Minute, s'il te plaît!... J'ai remarqué qu'on a enlevé l'écriteau annonçant que la maison est à vendre.

CINDY
Stie! Toé!...

MARTIN
C'est la tempête. Le vent l'a emporté.

PIERRE-PAUL
Le vent.

CINDY
Bye! S'verra, peut-être, stie.

PIERRE-PAUL
Polissonne.

MARTIN
La route a été longue?

PIERRE-PAUL
Et dangereuse. J'ai frôlé la catastrophe. Un peu plus et je me retrouvais au cœur d'un carambolage spectaculaire. Mais je suis né sous une bonne étoile...

MARTIN
On s'inquiétait.

PIERRE-PAUL

C'est gentil de ta part…

Pause.

Et toi, tu te portes bien ? Depuis une semaine, je laisse des messages sur ton répondeur. Débordé par les examens, hein ? C'est bien. Il faut travailler fort afin de récolter une bonne moisson. *Nihil sine labore.*

MARTIN

Euh ? C'est ça.

PIERRE-PAUL

Tu n'as pas bonne mine.

MARTIN

J'ai besoin de me reposer un peu.

PIERRE-PAUL

Le repos. Oui, oui, oui. Tu dois refaire tes forces. Une autre session et tu obtiendras ton diplôme. Ah ! j'admire ta détermination. Bien des jeunes n'ont pas ta persévérance. À la moindre difficulté, ils abandonnent tout. Mais tu es l'exception qui vient confirmer la règle. Ha ! Ha !…

Pause.

Tiens. C'est pour toi. Un petit cadeau.

MARTIN

C'est gentil.

PIERRE-PAUL

Ouvre-le. Allez.

MARTIN
C'est pas encore Noël.

PIERRE-PAUL
Je veux te récompenser de ton beau travail académique… Ouvre. Je l'ai choisi pour toi. Je ne pense pas m'être trompé de taille. J'ai l'œil.

Martin ouvre la boîte.

PIERRE-PAUL
Tu vas être magnifique dans ce costume.

MARTIN
T'aurais pas dû.

PIERRE-PAUL
L'habit fait le moine.

MARTIN
Merci.

PIERRE-PAUL
Essaie-le.

MARTIN
Tout de suite ?

PIERRE-PAUL
Oui, oui. Enlève ta chemise. C'est ça.

Pierre-Paul l'aide à se déshabiller.

PIERRE-PAUL
J'ai traversé la ville dans tous les sens à la recherche de ce costume… Je suis entré dans les meilleures

boutiques. J'ai palpé les plus riches étoffes, les tissus les plus fins… Bon. Enfile ça maintenant… Je savais ce que je voulais. Un costume signé Ermenegildo Zegna ! Une belle coupe. Du style… Ah, oui. Oui. Parfait. Merveilleux… Tiens, la cravate. Voilà ! Voilà ! C'est superbe. Cela va chercher la couleur de tes yeux… Tu es beau… Mon petit garçon a grandi. Te voilà un homme… Comme je suis content de ma sélection.

MARTIN
Tu devrais pas faire ça.

PIERRE-PAUL
Voyons. Voyons. Je connais tes goûts. Et j'adore courir les magasins pour t'habiller.

MARTIN
C'est trop.

PIERRE-PAUL
Pas de fausse modestie. Comme moi, tu aimes bien te vêtir. Les gens bien s'habillent bien… Me donnerais-tu un coup de main avec les valises ? J'espère que ma chambre est prête.

MARTIN
Il reste juste à refaire le lit. J'avais pris ta chambre, mais… Maintenant que t'es ici, je vais prendre le divan.

Pierre-Paul
Mais non. Non. On peut partager la même chambre. Il n'y a aucun problème. C'est un grand lit.

Simone
Dans French Town, y avait plus d'ouvriers que de lits, fa que dès que le travailleur de jour se levait, le travailleur de nuit prenait sa place. Même pas le temps de changer les draps. Dormir dans des draps sales. Dormir pareil.

Cindy
Ma chambre, une ostie de prison.

Pierre-Paul
Ma chambre, un véritable refuge.

Martin
Ma chambre, c'était la chambre de Pierre-Paul.

Simone
Les enfants avaient pas de chambre dans les maisons de French Town.

Pierre-Paul
Un véritable refuge contre Gilbert qui incarnait la barbarie de ce monde ignorant et brutal.

Cindy
Une ostie de prison où a m'envoyait pour me garder tranquille parce je m'excitais trop qu'a disait, trop pour une fille.

MARTIN
Un mystère sacré. Je pouvais rien toucher. Tout devait rester à la même place.

SIMONE
Juste des rangées de lits contre le mur. Pis une p'tite lucarne.

PIERRE-PAUL
Le *Petit Larousse illustré.*

CINDY
La fenêtre, chrisse.

MARTIN
Le *Ecce Homo*.

SIMONE
Le soleil.

PIERRE-PAUL
Dans cette chambre, j'allais me réfugier. Je tirais les rideaux. J'allumais ma petite lampe de chevet que maman m'avait achetée pour m'encourager dans mes études. Et je prenais mon *Petit Larousse illustré*, le seul livre dans cette maison d'illettrés. Et pendant des heures je tournais les pages. J'apprivoisais les mots. Je les découvrais. Quelle chaleur ! Quel réconfort !

CINDY
Stie de chambre de tabarnak ! Dans c'temps-là, je portais des maudites robes fleuries. Mais fallait pas que je les salisse. Chrisse, pouvais rien faire à cause

de ça. Stie, moé, je voulais toujours courir pis jouer dans le sable. Mais c'était toujours : « Envoye, dans ta chambre ! »

SIMONE
Envoye, dans ta chambre !

PIERRE-PAUL
Je ne voulais pas sortir. Je cherchais un vocabulaire pour dire ma peine. Je me sauvais dans les pages de ce dictionnaire. Je goûtais, enfin, à la liberté.

CINDY
« Dans ta chambre, pis tu sortiras jusse… »

SIMONE
Quand tu vas être fine !

CINDY
Tabarnak ! A restait assise dans le corridor pour pas que je sorte. Moé, je m'enrageais. Je sautais sur le litte jusqu'à me péter la tête sur le plafond ! Flac ! À terre ! Je roulais sur le plancher pis je donnais des coups de pied dins airs. Chrisse de tabarnak !

SIMONE
Reste tranquille, là.

PIERRE-PAUL
Bientôt, mon âme se calmait. J'allais au début du dictionnaire. Je mémorisais les règles de grammaire, les tableaux de conjugaison, le pluriel des noms, les préfixes et les suffixes. Quelle joie !

CINDY

J'ouvrais les rideaux. J'argardais dehors. Le bois, au loin. Pis je voyais le soleil pis les nuages. Pis je rêvais d'aventures, stie. M'imaginais sur le bord d'un crique en train de me bâtir un radeau pour faire le tour du monde. M'imaginais dans une cabane dans les arbres comme Tarzan. Ah! Ahaha!… M'imaginais rencontrer des Indiens pis partir à chasse avec eux autres.

PIERRE-PAUL

La chasse.

CINDY

La tabarnak de chasse.

SIMONE

T'es trop p'tite, Sophie.

PIERRE-PAUL

Mes lectures faites, complètement au bout de mes capacités intellectuelles, j'allais m'agenouiller sur le prie-Dieu dans le coin de ma chambre.

MARTIN

Le prie-Dieu.

PIERRE-PAUL

Je fixais le dessin de Notre-Seigneur couronné d'épines.

MARTIN

Le *Ecce Homo*.

Pierre-Paul
Fiat voluntas tua.

Simone
Trop p'tite.

Cindy
La chasse, chrisse !

Pierre-Paul
Locutions latines, grecques et étrangères.

Cindy
M'appelais encore Sophie dans c'temps-là. Softie ! Softie !... Stie !

Simone
Sophie, t'es trop p'tite.

Pierre-Paul
Chasse, action de poursuivre, de prendre, de tuer le gibier.

Cindy
C'était le premier jour de la chasse à perdrix.

Pierre-Paul
Chasse, action de chercher quelqu'un ou quelque chose avec obstination.

Cindy
Gilbert avait décidé que c'était le temps de montrer à Pierre-Paul comment chasser. Stie, Pierre-Paul tait ben trop moumoune pour aller avec lui. Pis en plus,

y voulait même pas y aller. Y s'est presque embarré dans sa chambre.

PIERRE-PAUL
Chasse, partie des plats de la couverture d'un livre qui déborde le long des tranches.

SIMONE
Pierre-Paul ! Ton pére t'attend. Habille-toé.

CINDY
Mais moé, je voulais y aller. Moé, j'étais prête, stie. Pas peur de tenir un fusil, moé. Pas peur de tirer sur un oiseau, moé. Pas peur, chrisse.

PIERRE-PAUL
Chasse, angle formé par la verticale et l'axe de pivot…

CINDY
Gilbert le sort de sa chambre par les oreilles, l'embarque dans le vieux pick-up.

PIERRE-PAUL
Non ! Je veux pas y aller. M' man !

SIMONE
Fais-y pas mal.

CINDY
Moé, j'étais déjà dans le pick-up, toute prête à partir. Avais mis mes grosses bottes de *rubber*, mon p'tit

manteau de laine, une veste rouge à p'pa, pis ma casquette. Y m'a trouvée ben *cute* quand y m'a vue.

Pierre-Paul
Je veux pas tuer des animaux.

Cindy
P'pa part le pick-up. Tais toute contente. Pierre-Paul, y boudait sur le bord de la vitre. Pensais qu'y allait se jeter en bas du pick-up une fois qu'on serait partis.

Pierre-Paul
Chasser, mettre dehors avec violence : chasser quelqu'un de la maison.

Cindy
Mais v'là-tu pas la mére qui sort de la maison, les baguettes dins airs, tout affolée.

Simone
Pars pas avec Sophie. Amène-la pas avec toé.

Pierre-Paul
Je veux rester avec m'man.

Cindy
Stie de câlice de tabarnak de marde ! A l'oblige de me sortir du pick-up. Moé, je chiale, je crie, je m'accroche après la poignée de la porte. Pis a me dit que je suis trop p'tite.

SIMONE
T'es trop p'tite! T'es trop p'tite, Sophie!

CINDY
Maudit tabarnak!

PIERRE-PAUL
Je veux pas y aller.

CINDY
A me prend dans ses bras pis a m'emmène dans maison. Tellement enragée, je déchire une manche de sa robe. Ah, ben là, ça la choque. A pogne les nerfs ben raide. A se met à crier ben fort. « T'es une mauvaise p'tite fille ! »

SIMONE
Dans ta chambre! Va te calmer les esprits! Tu suite!

CINDY
« Dans ta chambre! »

PIERRE-PAUL
Je veux retourner dans ma chambre.

CINDY
A me pousse dans ma chambre. Tire sur la pognée, mais a tire de l'autre bord, fa que je peux pas sortir.

SIMONE
Calme-toé un peu. Tu sortiras quand tu seras plus fine.

CINDY

Je lâche la poignée. Maudit chrisse de tabarnak de câlice d'ostie! Saute sur le litte, me cogne la tête au plafond du premier coup. Maudit tabarnak! Fonce dans le mur. Donne des coups de pied dans les portes du garde-robe. Déchire toutes mes maudites robes fleuries. Prends mes catins. Arrache les bras, les jambes, les têtes. Câlice toute contre le mur. Argggh!... Prends la maison de catins qu'a m'a donnée à Noël pis saute dessus, l'écrase avec mes pieds, la défais toute en morceaux.

PIERRE-PAUL

Un chemin de terre battue. La camionnette roule paisiblement. Les arbres sont dénudés de feuilles. À la radio, une voix nasillarde bêle une chanson western. Je le regarde conduire, lui. Il est tout excité, tout fier. Il me raconte des histoires de chasse invraisemblables pour m'impressionner. S'il savait ce que je pense de lui en ce moment... Je me tais.

CINDY

Après un boute, me farme la yeule. Pleure pus. Cogne pus. Argarde par la fenêtre le vent qui pousse les nuages, les oiseaux qui volent bas, qui se laissent tomber comme des feuilles mortes.

PIERRE-PAUL

Arrivés à destination, nous sortons de la camionnette. Il retire le fusil de son étui. Il me fait signe de le suivre. Je reste là.

CINDY
Chus calme, là. Vas voir à la porte si a l'est encore là. Est pas là. L'entends dans cuisine en train de faire de la vaisselle, dirait qu'a chante. Artourne de bord.

PIERRE-PAUL
Je veux pas y aller.

CINDY
Ramasse toutes les robes pis les catins pis les morceaux de la maison de catins. Sors sur la pointe des pieds, comme un chat. Passe en arriére d'elle, a m'entend pas.

PIERRE-PAUL
Il me taquine. « Peureux de p'tit gars à maman ! » Il me pousse dans le dos. « Avance. »

CINDY
Descends dans cave. Mets toute ça dans fournaise à bois.

PIERRE-PAUL
À l'orée du bois, il me tend l'arme chargée. C'est lourd. Je tremble. Il me montre comment la mettre en joue, moqueur. « Tu vas devenir un homme aujourd'hui. » Mon doigt caresse nerveusement la détente. Il me dit de viser un arbre au loin. Je ne devrais pas le manquer, me dit-il, y est tellement gros. Bête.

Cindy
Frotte l'allumette.

Pierre-Paul
Ma tête tourne. J'ai un malaise. Je pivote.

Cindy
Feu!

Pierre-Paul
Feu!

Cindy
Ça gronde dans fournaise à bois. Ça brûle vite.

Pierre-Paul
La balle fracasse la fenêtre arrière de la camionnette.

Cindy
A l'a entendu du bruit. Est à côté de moé. Les yeux grands comme des trente-sous. Pas capable de parler. Blême comme un drap.

Pierre-Paul
Les yeux noirs de rage, la bouche tendue, sa grosse main me tombe dessus, me secoue, me frappe, m'écrase.

Cindy
A dit rien.

Pierre-Paul
Il hurle. Il me soulève par le collet, m'entraîne de

force dans le bois, me repousse violemment. Je tombe dans des buissons.

CINDY
L'arvois armonter les marches de l'escalier tout énervée. Failli se jambetter dans son jupon.

PIERRE-PAUL
Je me relève et je cours. Haletant, brûlant de rage, crispé par la peur.

CINDY
J'entends encore la porte de sa chambre claquer.

PIERRE-PAUL
Je l'entends derrière moi. Je cours.

CINDY
Comprends toujours pas, maudit câlice de tabarnak de chrisse d'ostie de sacre, qu'est-cé qu'a l'avait!

SIMONE
En 1936, la compagnie a décidé de déménager le monde de French Town. En 1936… tard le soir, autour de la table dans la cuisine, mon père organise l'union… Parle pas de ça, Simone. Dis rien.

PIERRE-PAUL
Je cours toujours.

MARTIN
Le vieux fusil de chasse.

Pierre-Paul
J'aurais dû lui tirer dans le dos.

Martin
Je l'ai trouvé dans le fond d'une armoire dans le garage en allant porter les boîtes de robes à m'man. Pareil fouillis là-dedans. Des boîtes pis des boîtes d'affaires.

Simone
En 1936, la compagnie avait bâti une ville à son image, moderne, organisée, Timber Falls. French Town, à côté de ces belles grandes maisons, c'était rien, rien qu'une rangée de taudis. Fa que… Chut ! Chut !

Martin
Première fois que je l'ai entre les mains. Dans le temps, p'pa, il m'aurait tué si j'avais touché au fusil… J'aurais aimé ça aller à la chasse avec lui. Mais quand j'ai eu l'âge, y allait pus très bien, y était déjà pas mal malade.

Pierre-Paul
J'aurais dû lui tirer dans le dos.

Martin
Je vais le remettre en état pis je demanderai à Cindy, l'automne prochain, de m'emmener à la chasse avec elle.

Pierre-Paul
Le conditionnel exprime une action qui dépend, dans sa réalisation, de certaines conditions… J'aurais dû lui tirer dans le dos… Conditionnel passé… Une action qui n'a pas pu se réaliser.

Cindy
Sacrament, Gilbert, c'était mon héros.

Pierre-Paul
J'aurais dû… Le conditionnel…

Cindy
Pas peur de personne, lui. Voulais être comme lui, moé.

Pierre-Paul
Une bête.

Cindy
Un homme, un ostie d'homme comme lui. Parce y pouvait sacrer comme y voulait. Parce y pouvait s'enrager quand y voulait. Parce y avait des poings pis de la yeule. Stie! Stie!

Simone
À la fin, ses poings lui ont pas servi ben, ben.

Cindy
Déjà rentré dans le ventre de p'pa, moé. Dans son ventre, y a une machine qui mange des arbres, qui chie du papier.

Simone
Y avait le ventre plein de cancer, c'est toute. Pas de machine à papier… Ah, c'est peut-être la machine à papier qu'y a donné le cancer. Ça, ça se peut. Y en a plein de sa *gang* qui sont morts du cancer. Faut croire qu'y avait un lien.

Cindy
P'pa, y avait pas de passé. Y parlait juste de tu suite. P'pa, y vivait juste tu suite.

Simone
Y buvait trop pis y fumait trop.

Cindy
Toé, t'étais pognée dans le passé, maudite folle.

Simone
Y aimait pas assez le monde.

Pierre-Paul
Il détestait le monde.

Cindy
Moé, je l'aimais.

Martin
Quand p'pa était à l'hôpital, pis que m'man ou Cindy m'amenait le visiter, j'aimais pas ça. Y me faisait peur. Y était blême, quasiment bleu. Tout maigre. On voyait les veines palpiter autour de ses yeux.

Cindy
Chrisse, y a eu assez de mal.

Pierre-Paul
Pas assez.

Martin
Je me suis dit que moi je finirais pas comme ça. Moi, un jour, je serais le *boss* du moulin.

Pierre-Paul
Martin, dorénavant, tu resteras avec moi.

Martin
Quand p'pa est mort, Pierre-Paul est venu me chercher.

Cindy
Quand Gilbert est mort, l'ostie de moumoune, y a attendu qu'y soit enterré avant de monter. Premiére fois qu'y armettait les pieds icitte depuis douze ans, l'ostie.

Simone
T'avais un bel habit, Pierre-Paul, pis une belle cravate. Pis tes souliers brillaient comme un plancher ben ciré.

Martin
Pierre-Paul, je le connaissais pas. Je l'avais jamais vu.

Simone
T'étais devenu quelqu'un.

Martin
M'man disait qu'il était quelqu'un.

Pierre-Paul
Je t'ai inscrit dans une école privée, la meilleure de Toronto.

Cindy
Y va aller au *high school* icitte. C'est bon en masse.

Pierre-Paul
Cette école secondaire est un foyer d'assimilation et d'acculturation.

Cindy
De quoi tu parles, toé, chrisse ? Toé qui t'es battu pour c't'école-là, maudite marde. Pus assez bonne pour ton p'tit frére, asteure ?

Pierre-Paul
Je me charge de l'avenir de Martin.

Martin
Je pensais que m'man avait raison.

Simone
C'est toé le chef de la famille, asteure.

Pierre-Paul
Je ne veux pas que mon petit frère vive la même vie de brutalité ignorante que j'ai vécue dans cette maison.

Cindy
Qu'est-cé que tu connais d'icitte, toé ?

Simone
Laisse-le faire, Cindy. C'est lui le plus vieux.

CINDY
Cé pas c'te tète-là qui va venir me *bosser.*

SIMONE
Amène-le avec toé, Pierre-Paul. Prends ben soin de ton p'tit frére.

CINDY
Chrisse, tu vas ben en faire une moumoune comme toé.

PIERRE-PAUL
J'aime mieux ça qu'un Cro-Magnon incapable de parler correctement le français.

CINDY
Fuck you!

MARTIN
Il voulait tout me donner. Fa que j'étais pas triste quand je suis embarqué dans son gros char.

SIMONE
Tu vas être mieux avec Pierre-Paul.

PIERRE-PAUL
Je voudrais te parler de la maison.

CINDY
Quoi tu veux dire?

PIERRE-PAUL
Gilbert, comme je l'avais prévu, ne lègue à sa femme et à nous, ses enfants, que des dettes. Il a

hypothéqué l'avenir pour se saouler. Heureusement que moi je suis prévoyant.

MARTIN
Je dormais dans la chambre de mon frère, que ma mère gardait comme un musée. La petite lampe sur le bureau, le vieux *Larousse* sur la tablette, le prie-Dieu dans le coin, le *Ecce Homo* sur le mur à côté de la garde-robe.

PIERRE-PAUL
Ce matin, avant que la banque ne saisisse la maison, j'ai liquidé les dettes de Gilbert.

CINDY
Me serais arrangée avec la banque, moé, stie.

MARTIN
Ma sœur avait pris la place de mon père.

PIERRE-PAUL
Je suis désormais le propriétaire de la maison.

CINDY
Quoi tu parles, toé ?

MARTIN
Ma mère vivait un pied dans le passé, un pied dans le présent. Pus personne l'écoutait, sauf moi.

SIMONE
Dans French Town, quand j'étais p'tite, là…

PIERRE-PAUL
La maison est à moi.

CINDY
Stie de tabarnak! Quoi tu veux dire, est à toé?

MARTIN
Je suis parti sans comprendre les mystères de ma famille.

PIERRE-PAUL
Je peux te louer la maison.

CINDY
Louer?

MARTIN
Je suis parti pour apprendre les mystères de la ville.

PIERRE-PAUL
Maman viendra vivre avec moi à Toronto.

SIMONE
Non. Non. Je peux pas partir, moi.

PIERRE-PAUL
Oui, maman.

SIMONE
Je peux pas.

PIERRE-PAUL
J'ai l'intention d'acheter une belle maison victorienne près d'un parc.

SIMONE
Urbain, y est allé en ville, lui, pis…

PIERRE-PAUL
Près du lac Ontario.

SIMONE
Y est revenu icitte ben des années plus tard, tout en guénilles. Défaite en dedans comme en dehors. Y puait l'*alcohol cheap.*

CINDY
A voudra pas aller avec toé, stie.

SIMONE
Y m'avait pas vue depuis que j'étais p'tite fille. Urbain. Ah, y était beau, dans c'te temps-là. Il s'était brouillé avec p'pa… Non ! Non ! Pas parler ! Rappelle-toé pas ! Dois pas le dire.

PIERRE-PAUL
Elle sera enfin heureuse.

SIMONE
Non ! Non ! Non ! Non !… Rappelle-toé pas !… P'pa… Dans la cantine, j'entends… Des voix montent jusqu'au ciel, les étoiles dansent. C'est Noël. Ça chante. Oui, oui, c'est ça.

PIERRE-PAUL
De sa chambre, elle aura une vue splendide du lac.

SIMONE

Je veux pas argarder des poissons morts flotter sur le dos… Icitte, je suis ben. C'est chez nous.

CINDY

Te l'avais dit. Laisse-nous don tranquilles.

SIMONE

Mes souvenirs sont icitte.

MARTIN

Je suis parti vivre à Toronto avec mon grand frère.

PIERRE-PAUL

Frère : né du même père et de la même mère.

SIMONE

Martin, dans French Town, là… Martin ! Où que t'es rendu encore ?

CINDY

T'arrivé un jeudi soir.

SIMONE

J'étais partie au bingo. Tous les jeudis soir, j'allais au bingo.

CINDY

La moumoune était arvenue de son voyage en Europe après son université. Y passait son temps à faire chier p'pa.

SIMONE
Gilbert me donnait vingt piastres pour m'acheter des cartes de bingo.

CINDY
J'avais quinze ans pis une ostie d'envie de chauffer un char. Tais dans le garage. Assise dans le pick-up de p'pa. Jouais après le *steering.* M'imaginais sur le *highway.* Roulais à planche. Le radio au boute.

PIERRE-PAUL
Le participe passé conjugué avec être s'accorde en genre et en nombre avec le sujet du verbe.

CINDY
L'ai pas entendu rentrer, lui.

PIERRE-PAUL
Le participe passé… le participe passé…

CINDY
Y avait la face en sang pis son T-shirt tait déchiré.

PIERRE-PAUL
Le participe passé conjugué avec être s'accorde en genre et en nombre avec le sujet du verbe.

CINDY
Qu'est-cé t'as, toé, stie?

PIERRE-PAUL
Le participe passé conjugué avec avoir…

CINDY
Qu'est-cé qui se passe dans maison ? Chrisse, y est en train de toute défaire !

PIERRE-PAUL
... règle générale – s'accorde en genre et en nombre avec son complément d'objet direct...

CINDY
Toé qui l'as faite enrager noir de même, stie de câlice ?

PIERRE-PAUL
... lorsque ce complément le précède.

CINDY
Chrisse ! Arrête de marmonner ! Qu'est-cé que t'y as faite ? Parle, stie !

PIERRE-PAUL
Le participe passé employé sans auxiliaire s'accorde...

CINDY
Rien à faire avec toé, stie !

PIERRE-PAUL
... en genre et en nombre avec le nom auquel il se rapporte.

CINDY
M'as aller l'arrêter avant qu'y se fasse mal.

SIMONE
B, douze ? B, douze ? Là.

CINDY
P'pa ! Arrête ça !

PIERRE-PAUL
Maudite bête épaisse ! Rien qu'un animal !

CINDY
P'pa tait en train de *pitcher* des chaises contre le mur. Y avait vidé les armoires, câlicé toute la vaisselle à terre.

SIMONE
I, vingt-deux ? Là.

PIERRE-PAUL
Bobotte !

CINDY
La rage dins yeux, dins bras, dins mains ! Y donnait des coups de poing dins murs.

SIMONE
N, trente-trois.

PIERRE-PAUL
T'es pas mon père, maudit vaurien !

CINDY
J'y ai mis une main sur le bras pour le calmer. Y m'attrape par le collet. Y sent la boisson. Me voué

pas. Me brasse d'un bord pis de l'autre comme si j'étais une guénille.

SIMONE
G, quarante-huit. Je…

PIERRE-PAUL
Je vais te faire arrêter. La police va te mettre en cage.

SIMONE
O, soixante-douze.

CINDY
Tais pas assez forte pour le calmer. Me pousse contre un mur. La face dans ma face. Souffle comme un chien enragé. Pousse un cri !

PIERRE-PAUL
Tu vas pourrir dans une prison, chien sale !

CINDY
Me cogne contre le mur. Une, deux, trois fois. Me voué pus. Crie plus fort.

SIMONE
Bingo !

PIERRE-PAUL
Tu ne battras plus personne.

SIMONE
J'ai gagné cent piastres !

Cindy
Me lâche, là. Dernier beugle. Se tient le ventre comme si de quoi l'avait mordu par en dedans. Plié en deux, y tombe sur le plancher… Je vas chercher un verre d'eau frette.

Martin
Jour pour jour, je suis né neuf mois après cet incident.

Martin fabrique une crèche.

Simone
Ça s'en vient bien… À chaque Noël, je fabriquais une p'tite crèche en papier, comme ça. C'est monsieur le curé qui m'avait montré comment la faire dans la cuisine où ça sentait le manger pis l'encens.

Martin
M'man, j'aimais ça l'écouter quand elle racontait ses histoires de jeunesse.

Simone
Quand j'étais jeune, là…

Martin
M'man. Elle était trop vieille quand elle m'a eu.

Simone
Je pensais pus que ça pouvait encore m'arriver.

Martin
P'pa, il me parlait pas.

SIMONE
Depuis dix ans, je refusais ton père. Je voulais pas qu'y me touche.

MARTIN
C'était comme si j'existais pas pour lui.

SIMONE
Je voulais pus d'enfant. J'avais un gars pis une fille, pis c'était pas ben, ben réussi… Mais…

MARTIN
M'man était souvent fatiguée.

SIMONE
C'était le soir du bingo, le soir quand Pierre-Paul est parti… Ce soir-là, quand je suis rentrée avec mon cent piastres, la maison était à l'envers. Toute était cassé dans la cuisine… Pierre-Paul braillait dans sa chambre. J'ai été le consoler. Y avait la face tout enflée. Il m'a regardé avec des yeux. Il s'est avancé…

PIERRE-PAUL
Les synonymes sont des mots qui ont presque la même signification et qui ne se distinguent que par une nuance de sens.

SIMONE
Après? Après… je suis allée dans notre chambre. Gilbert m'attendait. Y se frottait le ventre. Y avait des yeux pour mordre. Y a grogné quelque chose. Je me suis couchée à côté de lui. Pis je me suis laissé faire.

MARTIN
Lui pis m'man, ils s'aimaient pas.

SIMONE
Je l'aimais pas. J'aurais pas dû le marier, Gilbert. Ah, je voulais ben m'enfuir le jour de mes noces, mais j'étais pognée dans ma grande robe blanche… Je pouvais pas lui dire non. Mon pére lui avait dit oui. Pis y fallait ben que je me marie un jour. Avec lui ou ben un autre… Mais je savais pas qu'un mariage sans amour, ça faisait pas des beaux enfants.

PIERRE-PAUL
Ah, ma sœurette, quel plaisir de te revoir! Comment vas-tu?

CINDY
Quoi tu fais icitte, toé?

PIERRE-PAUL
C'est dans cet endroit insalubre que tu passes tes journées d'oisiveté?

CINDY
Achale-moé pas, stie. J'joue.

PIERRE-PAUL
Loin de moi l'idée de t'enlever à ton passe-temps favori.

CINDY
Hé! Va faire chier quelqu'un d'autre. Pas de temps à pardre avec toé, stie.

PIERRE-PAUL
Dépose ta queue, un moment.

CINDY
Ma quoi ?

PIERRE-PAUL
Ta queue. Cette baguette de bois que tu utilises pour frapper ces billes bariolées.

CINDY
C'est un *cue*, chrisse.

PIERRE-PAUL
On dit « queue » en français.

CINDY
Fuck you! M'as t'en planter une queue dans le cul, si tu continues à me faire chier, toi… Stie de sacre ! Pas école icitte.

PIERRE-PAUL
Non. Bien que ce soit dans cet établissement que jadis tu faisais l'école buissonnière.

CINDY
Stie !

PIERRE-PAUL
Je me suis hasardé dans ce billard afin de te communiquer une décision que je viens de…

CINDY
T'as à me dire ? Dis-lé vite ! Câlice !

PIERRE-PAUL
Ne pourrais-tu pas arrêter de blasphémer ? Ça me hérisse les oreilles.

CINDY
Chrisse ben si ça te siffle dins oreilles, stie !

PIERRE-PAUL
Je suis venu te demander de quitter la maison.

CINDY
Quoi ?

PIERRE-PAUL
Depuis le décès de maman, j'essaie, comme tu le sais très bien, de vendre la maison. Mais en vain. Je me rends à l'évidence que ta présence en cette demeure intimide les acheteurs potentiels. Tu as même jeté l'écriteau que j'avais planté devant la maison.

CINDY
C'est le vent, stie.

PIERRE-PAUL
Je te somme de déménager.

CINDY
Wô, là ! Stie ! Peux pas me faire ça, toé !

PIERRE-PAUL
Je suis le propriétaire.

CINDY
Hé ! Moé, qui reste là !

PIERRE-PAUL
Tu vis contre mon gré dans ma maison.

CINDY
Pas le droit de faire ça, câlice !

PIERRE-PAUL
J'ai le droit de disposer de mon bien comme je l'entends.

CINDY
Chrisse, toé !

PIERRE-PAUL
Je suis disposé à te faire un prêt… sans intérêt… afin de te reloger.

CINDY
Pas toé qui vas me mettre dehors de chez nous, mon sacrement ! T'à moé, c'te maison-là. Toujours vécu d'dans, moé. Chrisse de tabarnak !

PIERRE-PAUL
Je pourrais même te trouver un autre emploi. J'ai entrepris des démarches en ce sens…

CINDY
Toé, écoute-moé ben, là. Tu vas laisser faire tes osties de plans de vendre la cabane. Pas une bonne idée, ça. Pas une bonne idée pour ta santé. Compris ?

PIERRE-PAUL
Si tu crois me faire peur…

Cindy
Quand m'as vouloir te faire peur, tu vas t'être à l'hôpital branché sur une machine, toé! Chrisse! Tu clair?

Pierre-Paul
Tes menaces…

Cindy
Hé! Pousse-moé pas, toé, câlice! Stie de tabarnak! Pas avec tes grands mots que tu vas m'arrêter quand je vas t'être décidée de te mettre du plomb dans le corps, toé.

Pierre-Paul
Grande bêtasse! Tu ne m'effraies pas. Je ne suis pas un gamin de douze ans qu'on peut terroriser juste en élevant la voix, ou en brandissant un bâton.

Cindy
J'*mean* toute ce que j'ai dit.

Pierre-Paul
Puis-je faire appel à ton intelligence pour un moment? On pourrait discuter calmement.

Cindy
Stie de câlice de tabarnak de chrisse! J'sors pas de c'te maison-là, moé.

Pierre-Paul
Tu es aussi bobotte que Gilbert!

CINDY
Ta yeule, stie!

PIERRE-PAUL
Vas-y! Frappe-moi. Frappe… Fesse!

CINDY
T'aimerais ben trop ça.

PIERRE-PAUL
Prends garde à toi! Je te chasserai de cette maison.

CINDY
Va avoir du sang sur la neige, mon tabarnak! Pis tu l'auras voulu.

PIERRE-PAUL
J'obtiendrai une injonction pour te déloger, Sophie!

SIMONE
Ça se disputait dans les maisons de French Town.
Dans dix jours, la compagnie allait vider les maisons.
Y en avait qui étaient pressés de faire leurs valises.
Mais l'union voulait se battre pour rester. Mon pére
disait qu'y fallait avoir du courage. Monsieur le curé,
lui, réorganisait sa paroisse… Parle pas de ça.

CINDY
C'est Cindy, chrisse! Pis ta jonction, là… là… Stie de câlice de tabarnak de chrisse d'ostie de câlice! Maudite vache!

Simone
Un coup de fusil dans la nuit. Un homme est mort… Y l'ont trouvé mort sur le perron de sa maison, une balle dans la tête. Un homme. Un *company man.*

Cindy
Stie ! Stie !… Arrive, toé ! Câlice ! Arrive ! Tu vas en manger du plomb. Stie d'tète !

Simone
Y ont dit qu'y s'était tué lui-même. Mais c'était pas vrai… Tard dans la cuisine, je les ai entendus parler. Mon pére pis les autres. J'étais deboute. J'avais six ans.

Pierre-Paul
Dépose ce fusil.

Cindy
Stie de câlice !

Simone
« On le dit à personne. Personne doit savoir… »
Je suis la derniére à savoir qui c'est qui l'a tué. Personne doit savoir. Parle pas.

Pierre-Paul
Ne fais pas la folle.

Cindy
Mets-toé à genoux. Tu suite !

PIERRE-PAUL
C'est dangereux.

CINDY
Farme ta yeule !

PIERRE-PAUL
Tu… T'as trop… trop bu.

CINDY
Argarde le fusil, toé. Garde-lé ben, stie.

PIERRE-PAUL
Cindy…

CINDY
T'ai dit de la fermer. Farme ! Sinon va avoir du sang partout icitte. Ton sang. Ton estie de sang de cochon… Hein, te l'ai fermée, la yeule, moé ! Hein !

Elle lui passe le bout du fusil sur les lèvres.

Qu'est-ce ça te fait ? Comme donner un bec à la mort, hein ? Donnes-y un beau bec, là. Chrisse, pourrais tirer là pis tu la ravalerais, ta maudite belle langue de cul !

Temps.

MARTIN
Cindy ! Fais pas ça.

CINDY
Mêle-toé pas de ça, le jeune.

Martin
Tu vas te retrouver en prison. C'est pas ce que tu veux.

Pierre-Paul
Elle est folle.

Martin
Calme-toi. Donne-moi le fusil.

Cindy
Ôte-toé de là, toé !

Martin
On va parler de ça calmement. O.K. ? Tranquillement. Pas besoin de s'énerver. On va trouver une solution ensemble. Baisse le fusil.

Temps.

C'est ça. On se calme, là. On reprend le contrôle de ses émotions.

Cindy
Stie de cochon de chrisse ! Argh !

Martin
Cindy !

Cindy
Allez don chier ! Stie de marde !

Temps.

Martin
Elle l'aurait pas fait.

Pierre-Paul
Je sais pas ce qu'il lui a pris. Elle m'attendait avec ce fusil. Une folle!

Martin
Je vais aller lui parler.

Pierre-Paul
On ne peut pas raisonner avec les fous. Tu perds ton temps.

Martin
On peut pas la laisser toute seule.

Pierre-Paul
Moi, je vais me coucher.

Simone
Quand j'étais p'tite, souvent, j'étais pas capable de dormir. Pognée entre mes deux sœurs qui ronflaient, je regardais la lune par la lucarne.

Pierre-Paul
Les adjectifs possessifs indiquent qu'un être ou un objet appartiennent à quelqu'un ou à quelque chose.

Simone
Des fois, je me levais pour me promener dans la maison silencieuse.

Pierre-Paul
La nuit, un garçon pleure. Il étouffe ses sanglots dans un oreiller. Il est abandonné. On l'a expulsé du foyer familial… C'est moi. Je suis dans mon lit au séminaire. Je regarde la lune par la fenêtre. Maman !

Simone
Une fois, j'étais descendue dans la cuisine. C'était toute noir, sauf pour la lumiére de lune.

Pierre-Paul
Je veux être avec toi.

Simone
J'ai entendu du bruit. Ça venait de la chambre de mon pére pis de ma mére. Chus t'allée voir.

Pierre-Paul
Je me lève. J'ouvre la fenêtre. Je prends les draps de mon lit. Je les noue ensemble pour faire une corde. Et je descends le long du mur, jusqu'au sol.

Simone
Ma mére respirait fort.

Pierre-Paul
Le souffle court, je fonce dans la nuit.

Simone
Elle était heureuse. A riait comme je l'avais jamais entendue rire.

Pierre-Paul
Mon âme s'envole.

SIMONE
Mon pére faisait « oui, oui, oui ».

PIERRE-PAUL
Vers toi.

SIMONE
Les couvartes bougeaient.

PIERRE-PAUL
Maman !

SIMONE
Quand c'était fini, mon pére a roulé sur le dos pis y s'est mis à ronfler. Je me suis glissée sous les couvartes à côté de ma mére. Je lui ai demandé qu'est-ce qu'y faisaient. A m'a expliqué qu'y faisaient un enfant.

PIERRE-PAUL
Maman !

SIMONE
Les enfants sont faites dans des couvartes qui bougent.

PIERRE-PAUL
Un homme avec un fusil me rattrape. Un des frères du séminaire me ramène à mon lit.

SIMONE
Les enfants, c'est l'espoir, ma mére avait dit.

PIERRE-PAUL
On referme la fenêtre. Je m'entortille dans les draps. Je me roule en boule. J'abandonne.

SIMONE
L'espoir.

PIERRE-PAUL
Maman, pourquoi tu m'as envoyé ici ?

SIMONE
Pierre-Paul ?

PIERRE-PAUL
Les adjectifs démonstratifs servent à montrer les êtres ou les objets. Ce, ceci, cela, ça, celui, celle, ceux…

MARTIN
Elle s'est calmée.

PIERRE-PAUL
Euh ?… Quel côté veux-tu ?

MARTIN
Tu devrais la laisser tranquille. Elle est très tendue ces temps-ci.

PIERRE-PAUL
Tu es fâché ?

MARTIN
J'aime pas la chicane. Sacre ! Elle a failli te tuer. Maudite marde ! C'est Noël. Vous pourriez faire la paix.

PIERRE-PAUL
Mais c'est elle qui ne veut pas comprendre.

MARTIN
Vous vous parlez sans vous écouter. Toujours sur vos gardes, prêts à mordre.

PIERRE-PAUL
Elle n'est qu'une brute idiote.

MARTIN
T'as pas raison de vouloir la mettre dehors.

PIERRE-PAUL
Elle fait tout pour contrecarrer la vente de la maison.

MARTIN
Tu devrais pas vendre, non plus.

PIERRE-PAUL
Tu ne vas pas l'appuyer!

MARTIN
J'appuie personne. Je voudrais juste qu'on soit une famille normale, frères et sœur normaux.

PIERRE-PAUL
C'est elle qui n'est pas normale, ici. Une femme qui se prend pour un homme. Même pas pour un homme. Pour une bête.

MARTIN
Pourquoi l'haïs-tu tant que ça?

Pierre-Paul
Je n'ai aucune compassion pour les êtres vulgaires.

Martin
Elle est notre sœur.

Pierre-Paul
Elle est l'incarnation de Gilbert. La même violence stupide.

Cindy
Chrisse ! Le voué là. P'pa. Y est allé dans le garage pis y est en train de décharger son fusil sur son pick-up. Bang ! Bang ! Bang ! Les vitres cassent. Y est blême comme un drap.

Simone
Une pinte de lait, une livre de sucre en poudre, un sac de farine, des tomates en canne.

Cindy
M'man était partie faire la *grocerie.*

Simone
Un dix livres de patates, du café instantané, un paquet de thé, du macaroni, du spaghetti.

Cindy
Tait après que le docteur lui avait trouvé son cancer dans le ventre. Tait à maison depuis trois mois. Trois mois qu'y vidait des bouteilles pis des bouteilles de *rye*.

SIMONE
Du steak haché, des côtelettes de porc, un rôti de lard, une poule.

CINDY
Pas ce qu'y a pris. Moé, je dormais. Tait l'après-midi. J'avais un *shift* de nuite dans le corps.

SIMONE
Une douzaine d'œufs.

CINDY
Charge, décharge son fusil. Bang! Tire dans le pick-up. Bang! Les lumiéres pètent. Bang! Bang! Bang! Des trous partout dans le *body.* Bang! Gilbert rit.

SIMONE
Du fromage, du *baking soda,* des p'tits pois congelés.

CINDY
Sors de la maison, à moitié révcillćc.

SIMONE
Du blé d'Inde en crème.

CINDY
Chrisse, p'pa! Arrête! Arrête ça! J'y enlève le fusil des mains. Y s'écrase sur moé. Blanc, vide. Y rit pus. Y pleure sur moé. Pus la force de se tenir. Le ventre en nœud.

SIMONE
Du beurre de *pinottes,* de la *jam* aux framboises.

CINDY
Le prends dans mes bras. Braille. Le ramène dans son lit. Me couche à côté de lui. Y tremble, grinche des dents. Stie! Stie! Lui passe la main dins cheveux. Pour le consoler.

SIMONE
Sel, poivre, vinaigre… Javex!

CINDY
Dors, p'pa. Dors.

PIERRE-PAUL
Tu ne veux pas te coucher?

MARTIN
Pas tout de suite.

PIERRE-PAUL
Qu'est-ce qui ne va pas?

MARTIN
Je pense à la fois que p'pa s'est mis à tirer sur son pick-up.

PIERRE-PAUL
Ne pense pas à ça. Viens te coucher.

MARTIN
Il répétait ton nom à chaque fois qu'il rechargeait le fusil. Il criait « Pierre-Paul! », mais t'étais pas là.

PIERRE-PAUL
Il faut oublier ça.

MARTIN
Pourquoi tu refusais de revenir à la maison ?

PIERRE-PAUL
Ce n'est pas le temps de parler de ça.

MARTIN
Je veux comprendre.

PIERRE-PAUL
Il m'a battu. Alors j'ai décidé de ne plus remettre les pieds ici tant et aussi longtemps qu'il serait en vie.

MARTIN
Mais pourquoi il t'a battu ?

SIMONE
T'avais les cheveux longs pis la barbe longue, pis tu portais des sandales tout le temps.

PIERRE-PAUL
Parce que j'ai refusé de remplir un formulaire de demande d'emploi à la papeterie. Refusé de le suivre dans son métier.

SIMONE
T'arvenais de voyage en Europe. T'avais pas une cenne. Pis tu passais ton temps à traîner avec des jeunes au *high school.*

PIERRE-PAUL
Alors là, offusqué, Bobotte m'a traité de bon à rien, de brasseux de marde…

SIMONE
Brasseux de marde!

PIERRE-PAUL
Parce qu'à l'époque j'aidais les jeunes de l'école secondaire à s'organiser pour qu'ils revendiquent plus de cours en français.

SIMONE
Ton pére a raison.

PIERRE-PAUL
Ça a commencé par un coup du revers de la main. J'ai fléchi le genou. Puis des coups de poing. Je me suis écroulé par terre. Puis des coups de pied. J'ai crié. Lui, il hurlait, saoul, aveuglé par sa rage.

SIMONE
Papa a dit qu'y faut que tu partes.

PIERRE-PAUL
Je ne voyais plus rien. Je n'entendais plus rien. Je n'étais plus là. À demi conscient. Je m'imaginais dans ma chambre. Le dictionnaire contre la poitrine, je récitais par cœur les accords du participe passé.

SIMONE
T'avais les mêmes yeux que lui.

PIERRE-PAUL
Mais, lui, il frappait et frappait et frappait. Il voulait m'écraser dans le plancher.

Pause

Tout ça parce qu'il n'avait pas compris le verbe revendiquer… Cette nuit-là, j'ai fui.

SIMONE
Cette nuit-là, vous étiez pareils.

MARTIN
Pour ça que tu tiens tant à vendre la maison ?

PIERRE-PAUL
Non. C'est seulement pour récupérer mon investissement avant que la papeterie ne ferme ses portes pour de bon… Assez parlé. Il est tard. Couchons-nous.

MARTIN
J'ai quelque chose à te dire.

PIERRE-PAUL
Qu'est-ce que tu retournes dans ta tête, mon beau ?

MARTIN
J'ai décidé de pas retourner à l'université après les vacances de Noël.

PIERRE-PAUL
Mais… mais… tu n'y penses pas.

MARTIN
J'ai besoin de prendre quelques mois pour réfléchir. Je me sens pris dans un cul-de-sac.

Pierre-Paul
Voyons. Tu vas tout compromettre. Depuis des années, je prépare ton entrée dans la fonction publique. Tu dois obtenir ton diplôme.

Martin
Je veux pas être fonctionnaire.

Pierre-Paul
Mais d'où vient cette crise de puérilité?

Martin
J'ai l'impression de vivre ta vie.

Pierre-Paul
Qu'est-ce qui te prend tout à coup?

Martin
L'école privée, l'université, les vêtements, même mon avenir. À toi.

Pierre-Paul
Tu ne vas pas me reprocher l'affection que j'éprouve pour toi? J'ai fait d'énormes sacrifices pour ton bonheur.

Martin
Pas pour mon bonheur. Mais pour le tien.

Pierre-Paul
Voyons.

MARTIN
Je veux vivre ma vie. Je veux pas que tu m'achètes des vêtements. Je veux pus que tu paies mon appartement, mes études.

PIERRE-PAUL
Je veux juste te rendre la vie plus facile.

MARTIN
J'ai pus douze ans. Y est grand temps que je prenne mes propres décisions. Pis j'ai décidé de rester ici.

PIERRE-PAUL
Ici ? Jamais !

MARTIN
J'ai besoin de comprendre qui je suis.

PIERRE-PAUL
Tu vas retourner à l'université pis finir ton bac. Tu m'as compris ?

MARTIN
Crie pas après moi.

PIERRE-PAUL
Ingrat !

MARTIN
Va donc chier.

PIERRE-PAUL
Martin !

MARTIN
Je veux pas marcher dans tes pas. Laisse-moi donc faire. T'es pas mon père. Laisse-moi tranquille.

PIERRE-PAUL
Écoute. Je te parle. C'est pas moi qui vais te battre pour te ramener sur le droit chemin. Mais faut que tu comprennes. C'est grave! Si tu retournes pas à l'université, tu vas ruiner ta vie. Pis pourquoi? Parce que t'es mélangé? C'est pas une bonne raison. Il te reste juste un semestre à faire. Endure-le.

MARTIN
Non.

PIERRE-PAUL
Un semestre. Pis après, tu prendras des vacances. T'iras découvrir qui tu es en Europe. Tu mèneras une vie de bohème. Tu pourras vivre toutes les expériences. Pis tu reviendras. Et j'aurai préparé ta place.

MARTIN
Je reste. C'est ici que j'ai besoin d'être en ce moment.

Temps.

Je vais dormir dans le lit de m'man.

PIERRE-PAUL
Maudit câlice! Quoi j'ai fait de mal? Peut pas me faire ça! Tout donné. Maudit. Maudit. Maudit!… L'antonyme est un mot qui, par le sens, s'oppose

directement à un autre. Le contraire d'antonyme est synonyme. Le contraire de synonyme est antonyme. L'antonyme est un mot…

SIMONE
Le matin de Noël, je prenais ma p'tite crèche en papier. Je descendais dans la cave. J'ouvrais la porte de la fournaise à bois pis je brûlais la p'tite crèche…

CINDY
Argarde-lé ben, stie ! Le matin de Noël, pis la premiére chose qu'y fait en se levant, c'est d'aller armettre sa tabarnak de pancarte FOR SALE. Stie d'tète ! La cloue après la maison pour pas qu'a parte au vent, stie.

SIMONE
À chaque fois, quand c'était fini, je me tournais de bord pour apercevoir mon p'tit Martin dans les escaliers qui me fixait. C'était un rituel que je pouvais pas y expliquer.

CINDY
Beau niaiseux ! Qu'y attrape don son coup de mort, stie !

MARTIN
Il m'a donné un sac à dos.

CINDY
Moé, stie, y m'a donné un *set* de valises. Tabarnak ! Y a hâte en chrisse que je parte.

MARTIN

Je vais brûler la crèche dans la fournaise à bois, comme m'man faisait. Tu viens-tu ?

CINDY

T'en train de capoter comme elle, toé ! Pis vas t'être pognée icitte avec toé, stie !

SIMONE

Y a du feu dans la maison. La maison brûle. La compagnie incendie les maisons. French Town est en flammes... Parle pas de ça, Simone. C'est une histoire qui existe pus.

Deuxième partie

Simone

Dans French Town, les femmes étaient fortes.

Martin

Première station.

Simone

Ma mére, mes tantes étaient fortes. Eux autres qui soignaient les animaux. Eux autres qui gardaient la maison propre pis chaude, qui fendaient pis qui rentraient le bois pour chauffer le poêle. Les hommes travaillaient des longs *shifts* pis y avaient pas le temps d'aider. Mais c'est quand même les hommes qui menaient.

Pierre-Paul lit un formulaire d'assurance-chômage.

Pierre-Paul

Avez-vous travaillé pendant la période visée par cette déclaration ?

Cindy

Veux pas être comme ma mére !

Martin
Deuxième station.

Simone
Moé, j'aurais été forte itou, mais la vie m'a domptée trop jeune. On peut rien contre le destin. Rien sauf espérer.

Cindy
Me fermer la yeule pis endurer !

Martin
Troisième station.

Simone
Chus passée de laver le linge à main pis de chauffer l'eau sur un poêle à bois à repasser le linge avec un fer élecrique en regardant à tivi des affaires qui se passent à l'autre bout du monde.

Pierre-Paul
Avez-vous commencé à travailler à temps plein pendant la période visée par cette déclaration ?

Martin
Quatrième station.

Simone
Le monde a changé tellement vite. J'ai pas eu le temps d'artrouver mon ballant.

Cindy
M'as finir comme Gilbert, si ça continue, stie.

PIERRE-PAUL

Étiez-vous aux études ou suiviez-vous un cours de formation pendant la période visée par cette déclaration?

MARTIN

Cinquième station.

SIMONE

Pis Gilbert, y était aussi affolé que moé. Y avait pus d'ordre dans les maisons. Pis ça prend de l'ordre dans une maison.

PIERRE-PAUL

Étiez-vous prêt et disposé à travailler, et capable de le faire chaque jour?

CINDY

Quecque chose dans le ventre qui me mange par en dedans, stie de câlice!

MARTIN

Sixième station.

SIMONE

Passé notre temps à nous tirailler parce que le monde était à l'envers pis changeait de bord dans le temps de le dire, sans nous demander notre avis. Pas surprenant qu'y voulait fesser sur toute, lui. Pas surprenant que j'ai commencé à remettre en ordre mes souvenirs... Comment tu veux te retrouver si ton passé est tout croche?

Pierre-Paul
Avez-vous reçu ou recevrez-vous des sommes autres que celles indiquées dans les parties C, D et E au côté 2 ?

Martin
Septième station.

Pierre-Paul
Non. Non. Non. Non. Non.

Cindy
Dit oui un soir où j'tais plus lucide que d'habitude. Un soir où j'avais besoin de consolation. Moé, oui, stie ! Un soir où me suis permis de m'imaginer une autre vie. Câlice.

Pierre-Paul
Je bois la coupe jusqu'à la lie.

Cindy
Un soir où senti que j'tais pas un homme manqué, ni une femme manquée. Sentie comme moé. Une ostie de femme. Même pensé que j'étais belle, tabarnak !

Pierre-Paul
Tabarnak !

Cindy
À cause de c'te soir-là que je m'artrouve plus *fuckée* aujourd'hui.

Pierre-Paul

Des jours, des semaines que j'ai pas vu le soleil. Dans le fond de mon appartement, je me laisse crouler. Je vais plus au bureau. On m'a remercié. Je passais des journées immobile à fixer une page blanche. Je voulais arrêter le temps… Le point indique la fin de la phrase. La virgule sépare des éléments juxtaposés ou apposés. Le point-virgule sépare deux aspects d'une mêmc idéc… d'une même idée… même idée… dée. Ah !

Martin

Huitième station.

Pierre-Paul

Je suis dans les ténèbres de mon âme. Il y a personne pour me tendre la main… Maman ?… Martin ?… Allons, secoue-toi ! Sors. T'es comme un animal en cage, tourmenté par la faim. Sors. Sinon tu vas faire comme Gilbert, donner des coups contre les murs.

Cindy

Prenais une biére à l'hôtel. Henri est venu s'asseoir à ma table.

Martin

Neuvième station.

Pierre-Paul

La rue. Les trottoirs. Les yeux inconnus… Tel un papillon de nuit attiré par les néons, j'entre dans un bar. Pour être avec d'autres… La fumée des cigarettes étouffe la salle pleine. Les visages sont flous. « Une bière ? »

CINDY

Une *band* de Toronto sur le *stage. Fuck*, ça jouait tellement fort que ça t'arrachait presque les oreilles.

PIERRE-PAUL

Qu'est-ce que j'espère trouver en ce lieu ?

CINDY

Pris quecques biéres. Y faisait juste m'argarder. J'y disais pas un mot. Pis quand je suis sortie, y m'a suivie. M'a demandé une *ride.* « Embarque. C'est sur mon chemin. » Embarque, chrisse.

PIERRE-PAUL

Après quelques bières, je sors. Je hèle un taxi.

CINDY

De la musique sur le radio. De la musique dins oreilles.

PIERRE-PAUL

Pourriez-vous éteindre la radio ?

MARTIN

Dixième station.

CINDY

Dans cour chez eux, coupe le moteur, l'argarde dins yeux. *Fuck,* j'ai ben vu ce qu'y voulait. Pas besoin de me le dire. Comprenais… Moé qui avais jamais connu ça. Savais pas où mettre mes mains, ni où mettre mes lèvres, ni ouvrir la bouche, ni m'ouvrir, sacre. Mais ça s'est toute faite tu seul. Chus tombée sur lui comme on tombe en amour au cinéma... Je l'ai pris vite. Moé dessus... Stie! Stie!... Stie! Stie!

PIERRE-PAUL
Je l'aperçois au coin de la rue. Parapluie, talons aiguilles, jupette de cuir rouge... un clin d'œil bleu. Arrêtez-vous.

CINDY
Après j'étais toute trempe, toute neuve, lavée de bord en bord. P'tite pis fragile comme une feuille. Grande pis forte comme le ciel. Stie de chrisse!

PIERRE-PAUL
Argent comptant. C'est ça. Ce que ça coûtera pour avoir mon content. Nous sommes montés dans une chambre d'hôtel expier mes péchés par la fornication.

MARTIN
Onzième station.

CINDY
À ce moment-là, j'arais faite n'importe quoi pour lui. N'importe quoi pour que ça arcommence, pour que ça dure tout l'ostie de temps de ma chrisse de vie. J'y ai dit oui.

PIERRE-PAUL
Non. Non. Non… Malgré ses caresses expertes, j'y arrive pas. Relaxe. Relaxe. Laisse-toi aller. Tout tourne dans ma tête. Je suis à la dérive. Je repousse sa main. Je la pousse violemment dans un fauteuil. Ça gronde en moi. Je voudrais frapper. J'élève la main. Non… Je me laisse tomber sur le lit. Je m'enroule dans les draps sales et je sanglote… Le temps a passé. J'ai dormi.

MARTIN
Douzième station.

CINDY
Maudite folle ! Pas pris ben, ben du temps pour comprendre que je pouvais pas me marier avec c'te gars-là, pas lui, ni un autre. Mais ça s'est faite trop vite après. Lui, y était trop excité. Y a trop parlé. Ça s'est toute organisé vite, vite, pis moé je savais pus quoi dire. Fa que je me suis farmé la yeule. Chrisse, tout le monde me serrait la main pour me féliciter. Tabarnak ! Sûre qu'y riaient de moé, eux autres !

PIERRE-PAUL
À l'aube, je me réveille, seul. Elle est partie en empochant mon argent. Je me rhabille. En silence. Je sors. Oublie ça.

MARTIN
Treizième station.

Cindy
Les ai toutes laissés faire. L'église, la salle, les bagues, le gâteau. Pis plus ça allait, moins j'tais capable de dire quoi que ce soit. Mais quand le jour est venu, là, quand est venu le temps de mettre c'te chrisse de robe blanche-là, stie, j'ai pris le char pis j'ai sacré le camp avec un quarante onces pour pas que le monde risent de moé.

Martin
Quatorzième station.

Pierre-Paul
Tu dois rentrer chez toi.

Cindy
Oublie ça. Y est parti, asteure.

Pierre-Paul
Rentrer à la maison. Oui, la maison. Rentrer pour mettre un terme à cette histoire.

Cindy
Henri.

Pierre-Paul
Vendre la maison. Trouver un acheteur.

Simone
« On le dit à personne. » J'étais en haut de l'escalier. Y étaient autour de la grande table dans la cuisine. Les hommes. Mon pére à un boute, à l'autre boute… le coupable… les autres tout autour. Des visages

longs. Des yeux inquiets… P'pa parlait, y avait de la colère dans sa voix… « Pourquoi t'as faite ça ? »… Silence… Le coupable répond pas… C'était une folie de jeunesse, un coup de tête. Mais y aurait un prix à payer… La prison ou ben l'expulsion… P'pa a faite le tour de la table. Y étaient tous d'accord. L'union fait la force… « On le dit à personne. C'est notre secret… Mais, une fois qu'y sera enterré, tu partiras. Tu dois partir. Nous autres, on se préparera à déménager de French Town. » P'pa l'a regardé une derniére fois pis y a frappé s'a table. C'était décidé… Pas le dire. Silence.

Martin
C'était un chemin de croix pas mal tranquille. On pouvait entendre les mouches voler.

Cindy
T'as du temps à perdre, toé, stie.

Martin
T'es encore en train de travailler là-dessus ? T'as passé l'hiver à démonter pis monter ça.

Cindy
Des problèmes de morceaux, stie.

Martin
Tu devrais demander l'aide d'un mécanicien.

Cindy
Pas besoin d'aide. Me dérange pas de bretter après ça. Ça passe le temps, stie.

MARTIN
J'ai une grosse journée demain. Il nous reste juste à mettre la touche finale à notre proposition pour racheter le moulin.

CINDY
Ça se fera pas, stie.

MARTIN
On va y arriver. Pis tout le monde va se remettre à l'ouvrage.

CINDY
Rien que des histoires, ça. Personne qui a l'argent pour acheter ça, stie. Ben trop gros.

MARTIN
Le syndicat…

CINDY
Dans le cul! Sacrament! Parle-moé pus de l'union. Bande d'osties de gosseux à marde.

MARTIN
Tu devrais pas boire de même. Tu vas finir comme p'pa.

CINDY
Fuck you, toé, tabarnak!

MARTIN
Faut pas boire quand ça va mal.

CINDY
Bois pour boire. Toute, stie. Chrisse ! Pus capable de vivre sans travailler. Sitôt que je me trouve une job ailleurs, j'pars. Stie de câlice de tabarnak !

MARTIN
Il faut rester.

CINDY
Resteras, toé ! Y t'aiment, icitte. Ben contents de t'avoir, eux autres. Y s'imaginent que t'es assez intelligent pour les sortir du trou. S'imaginent que tu vas les sauver. Vont t'élire maire de la place aux prochaines élections, sûre de ça… Mais… Ah, pis *fuck* !

MARTIN
Notre plan va réussir. Il doit réussir.

CINDY
T'es même pas capable de racheter ta maison ; comment tu veux racheter un câlice de moulin, stie ?

MARTIN
Pierre-Paul va nous la donner, la maison.

CINDY
Dream on. Ah, pis je m'en sacre asteure. Peux pus attendre, moé, que de quoi se passe. J'pars. Stie de câlice de saint sacrament de tabarnak !

MARTIN
Calme-toi.

CINDY
Je connais la face de tout le monde, icitte. Chaque fois que je les voué, stie, c'est toute le passé que je voué. Pis j'voué comment y m'ont toujours crossée, icitte.

MARTIN
Tout le monde te respecte. On parle toujours en bien de toi.

CINDY
La fille de Bobotte ! Ça qu'y disent, asteure. Câlice ! Tu comprends rien, toé.

MARTIN
On se chicanera pas, là. Il est tard. Rentre te coucher.

CINDY
Surprenant que l'tète est pas arrivé.

MARTIN
On n'a pas besoin de le voir ici. On est bien sans lui.

CINDY
Va ben arriver demain, stie. Vient toujours à Pâques, lui.

MARTIN
Il viendra pas.

CINDY
Doit ben se demander pourquoi c'est faire que personne l'appelle pour acheter la maison.

MARTIN
La maison est pas à vendre.

CINDY
Toé qui le dis. Stie de chrisse ! Si c'était moé, y demanderait à police de me mettre dehors. Toé, stie, y veut pas te toucher.

MARTIN
Tu rentres-tu avec moi ?

CINDY
T' à l'heure. Pas fini de gosser.

SIMONE
La soutane brassée par le vent, monsieur le curé va de maison en maison. Y pose des questions. Y veut savoir qui a tué l'homme… Je le sais, moé. Chut ! Faut pas le dire… Finalement, face au silence du monde, y a réuni toute la paroisse dans la cantine… Y a accusé l'union d'être derrière c'te « crime odieux ». Y a menacé de les excommunier. Mais personne a parlé pareil… Monsieur le curé était tout bouleversé. Y pouvait pas accepter que, dans son troupeau de brebis, y ait un loup… Moé, je sais qui c'est, le loup.

CINDY
Qu'est-cé que je vas devenir en dehors d'icitte, stie ? Me voué pas arriver dans une autre place, habillée comme un homme. Icitte, ça fait du sens. C'est moé, hein ? Toujours été moé… Mais ailleurs personne va comprendre pourquoi, vont te prendre pour une folle.

Pause.

Icitte, y te traitent de folle, quand même, Sophie. Sophie ?

SIMONE

T'es juste un peu mélangée.

CINDY

Voudrais être heureuse, moé tou, câlice de tabarnak. Mais icitte, peux pus. Jamais été heureuse icitte, pareil. Toujours faite semblant d'être de la *gang*. Bu de la biére. Joué du *pool*. Travaillé. Mais là, je travaille pus. Pis quand tu travailles pus, t'es rien.

SIMONE

Sophie.

CINDY

Je voué Sophie dans sa chambre. Moé. Je la voué qui argarde par la fenêtre avant de se coucher, pis le ciel est plein d'étoiles. Pis a s'imagine qu'a construit une fusée à quelque part dans le bois pis a *fly* vers la Lune ou ben Mars. Fait longtemps que j'ai pas pensé à ça, moé, stie. Tait comme ça, Sophie. Tait moé, Sophie.

SIMONE

Sophie ?

Simone lui tend la robe.

CINDY

Je voudrais des fois ardevenir Sophie.

SIMONE
Sophie.

CINDY
M'man ?

SIMONE
T'es toujours Sophie. Juste que tu t'en rappelles pas.

CINDY
Je vas partir d'icitte. Sophie, a peut pas vivre icitte. Est pas capable de décoller parce qu'est icitte, parce y a trop de monde icitte qui la laisse pas décoller. Ailleurs peut-être…

SIMONE
Peut-être ben… Je sais pas. Y faut peut-être aller ailleurs quand icitte fait pus l'affaire.

CINDY
Je pourrais aller voir Henri. Peut-être que… Sacre ! Chus-tu folle de penser de même ?… Là-bas, avec Henri, peut-être que je vas être capable de trouver un milieu entre Sophie pis Cindy.

SIMONE
T'es belle dans c'te robe-là.

Cindy retrouve la lettre d'Henri. Elle lit.

CINDY
« Sophie, avant de se coucher, elle regarde par la fenêtre les étoiles briller… » Envoye, bazou. Pars. Emporte-moé dans Lune.

PIERRE-PAUL
Vendre, acheter.

SIMONE
Oui.

PIERRE-PAUL
Vendre, acheter.

SIMONE
Je vas le dire.

PIERRE-PAUL
Vendre, acheter.

SIMONE
Je veux le dire.

PIERRE-PAUL
Roule, roule dans la nuit. Les essuie-glaces glissent sur le pare-brise.

SIMONE
Les lèvres cousues, y ont enterré le monsieur mort. La culpabilité avait pris leur langue… Après l'enterrement, on aurait dit que les murs des maisons pleuraient.

PIERRE-PAUL
Vendre, acheter. Vendre, acheter. Vendre, acheter.

SIMONE
Les enfants riaient pis couraient autour, sans comprendre. Mais pas moé. Moé, j'étais dans le secret.

Pierre-Paul
Je m'enfonce dans la nuit à toute vitesse. Je dois arriver au lever du jour.

Simone
Mon pére fumait une cigarette sur la galerie. Je voulais comprendre pourquoi. Mais je pouvais pas lui parler. Fa que je suis montée. Mon frére aîné Urbain faisait ses valises. Le soleil entrait par la p'tite lucarne pis tombait sur lui. Y était toute plein de lumiére. On aurait dit un ange. Je l'ai regardé dins yeux. Y pleurait, mais y avait ben de la rage, itou… « Papa a dit qu'y faut que tu partes. » Y a mis un doigt sur ses lèvres. Chut!… Chut!… Urbain. C'est mon frére Urbain qui a tué l'homme.

Pierre-Paul
Vendre, acheter. Vendre, acheter. Vendre, acheter.

Simone
… Seulement une parole et je serai guérie.

Pierre-Paul
Vendre, acheter. Vendre, acheter. Vendre, acheter.

Simone
Guérie…

Pause.

Mon beau Martin… Pourquoi t'es deboute dans le milieu de la nuite? Fait un cauchemar?

Martin
J'arrive pas à dormir.

SIMONE
Prends une bonne tasse de lait chaud. Ça aide.

MARTIN
Je viens d'en boire deux tasses, pis je suis plus réveillé qu'avant. Je fais juste penser à p'pa.

SIMONE
Pense pas à lui.

MARTIN
Je suis pas capable de faire autrement. À chaque nuit, je tombe toujours dans le creux du lit. Sa place à lui.

SIMONE
Ah, c'est vrai ça qu'y a comme un creux dans le lit. Juste là où Gilbert dormait.

MARTIN
Je roule dans le creux pis c'est pas confortable. Y a un ressort qui me rentre dans le milieu du dos.

SIMONE
Mets un oreiller dans le creux. C'est ça que je faisais, moi. Ça marche.

MARTIN
Je vais essayer ça. Mais quand j'en aurai les moyens, je vais remplacer le lit.

SIMONE
Y serait temps de changer de matelas, je suppose.

Quand les *springs* passent au travers… Va te coucher, mon beau. Mets un oreiller. Comme ça, tu penseras pas à ton pére. Toute façon, y est mort. Pis pense pas à moé non plus. Chus morte itou.

MARTIN
Pierre-Paul s'en vient.

PIERRE-PAUL
Vendre, acheter. Vendre, acheter. Vendre et acheter.

SIMONE
Pense pas à moé, chus morte itou.

PIERRE-PAUL
La conjonction est un mot invariable qui sert à lier. On distingue les conjonctions de coordination : et, ou, ni, mais, or, car, donc ; et les conjonctions de subordination : si, sinon, comme, quand, que, lorsque, afin que, puisque…

Cindy porte la robe.

CINDY
T'arrives de bonne heure, toé ?

PIERRE-PAUL
Une robe ?

CINDY
Stie de moumoune !

PIERRE-PAUL
Aurais-tu donc retrouvé ta féminité pendant la nuit ?

Cindy
Pas tes affaires !

Pierre-Paul
Ça ne te va pas très bien.

Cindy
Mieux d'arpartir, toé. Pas d'affaire icitte.

Pierre-Paul
Mais c'est une des robes de maman !

Cindy
Câlice-toé pas de ce que je porte. Arprends ta pancarte FOR SALE pis sacre ton camp d'icitte.

Pierre-Paul
Prépare tes valises, sœurette.

Cindy
Tu vendras pas la maison, mon gros tabarnak. T'as-tu compris ?

Pierre-Paul
Cette fois-ci, ni toi ni Martin n'allez m'empêcher d'aller au bout de mes projets.

Cindy
Écoute. Écoute ben comme y faut parce je le répéterai pas quarante fois. Chrisse ! Tu *bosseras* pus le monde. Faut toujours que ça marche à ta façon. Ben, ça marche pus, ça, stie ! On n'a pas de besoin des *bullshitters* comme toé qui se cachent dans des

offices pis qui décident dans le noir comment que le monde vont vivre leur vie. Qui décident comment y faut parler. Qui décident comment y faut penser. Qui décident qu'une place a pus d'avenir. Qui décident qu'une maison est à vendre, même si du monde vivent dedans encore, pis y sont heureux.

PIERRE-PAUL
C'est moi le chef de la famille.

CINDY
Comment tu veux être le chef d'une famille que tu veux pas, que t'aimes pas ?

PIERRE-PAUL
J'ai pas de leçon à prendre de toi quant à l'amour familial. Toi qui aimes à coups de poing et de jurons.

CINDY
Veux pas te fesser, là. Veux pus fesser. Pus vide en dedans de moé, asteure. C'est pus vide. Comprends-tu ça ? Veux pus me battre contre moé-même. Me battre pour pas exister. Veux être heureuse, moé tou.

PIERRE-PAUL
Est-ce la robe qui te rend sentimentale ?

CINDY
Ai le droit d'être sentimentale. Droit de brailler en dehors quand des affaires belles m'arrivent ou

quand ça fait mal. Droit maudit de penser que je peux être heureuse avec quecqu'un. Je veux pus refuser ça… Je sais qu'y a quecqu'un qui m'aime, pis asteure je vas l'aimer, moé tou.

PIERRE-PAUL
Ah, c'est pour cette raison que tu portes une robe ? Tu t'imagines posséder les charmes pour faire tomber un homme ? C'est grotesque. T'es rien qu'un monstre androgyne pathétique ! Personne veut de toi.

CINDY
Fuck you, tabarnak !

PIERRE-PAUL
Pauvre conne !

CINDY
Stie ! Peux pas arrêter de me cracher dessus, toé ? Veux pas me battre.

PIERRE-PAUL
Niaiseuse !

CINDY
Pierre-Paul. Faut que ça arrête.

PIERRE-PAUL
Va te cacher ! On veut pas te voir. Pis charge ta camionnette. Emporte tout ton bataclan. Pis prends la route. La maison est vendue. Tu as jusqu'à ce soir pour déguerpir, sœurette.

Cindy
Stie! Tu l'as vendue?

Pierre-Paul
Mets-toi à la besogne. Le propriétaire emménage à six heures.

Cindy
Pouvais pas faire ça, toé!

Pierre-Paul
Ne me touche pas. Fais ce que je te dis. Tu n'as plus le choix.

Cindy
Martin te laissera pas faire.

Pierre-Paul
Tais-toi!

Simone
Toute le village était à eux autres. Les maisons étaient à eux autres… Rien que des taudis, ces cabanes-là. Rien que des taudis sales… Ma maison… Ça sent le feu. Y a le feu dans ma maison.

Martin
Tu peux pas avoir fait ça.

Pierre-Paul
C'est fini.

Martin
Je comptais te la racheter.

Pierre-Paul
Reviens avec moi à Toronto.

Martin
Non.

Pierre-Paul
Tu reprendras tes études.

Martin
Ma vie est ici maintenant.

Pierre-Paul
J'ai tout préparé pour toi. J'ai établi des contacts avec l'université. Tu pourras recommencer tes cours dès septembre.

Martin
T'avais pas le droit de vendre la maison. Pas le droit.

Pierre-Paul
Viens. Allons déjeuner au restaurant. Ne restons pas là.

Martin
C'est qui l'acheteur ?

Pierre-Paul
C'est sans importance. La maison ne nous appartient plus. Fais-en ton deuil.

Martin
C'est qui ?

Pierre-Paul
Il était grand temps de s'en défaire. Nous devons nous libérer de l'emprise qu'elle a sur nous.

Martin
Dis-moi à qui tu l'as vendue.

Pierre-Paul
Ça ne te servirait à rien de connaître l'identité de l'acheteur.

Martin
Je vais lui offrir le double de ce qu'il t'a donné.

Pierre-Paul
Je ne te laisserai pas importuner ce monsieur.

Martin
C'est qui ?

Pierre-Paul
Un… un médecin.

Martin
Y a pas de médecin à Timber Falls.

Pierre-Paul
Un jeune… jeune médecin. Il vi… vient s'établir ici.

Martin
J'en ai pas entendu parler.

Pierre-Paul
Tu ne peux pas tout… tout savoir.

Martin
C'est quoi son nom ?

Pierre-Paul
Arrête de… de me questionner là-dessus. Je ne t'en dirai pas plus.

Martin
T'es rien qu'un maudit écœurant.

Pierre-Paul
Calme… calme… calme-toi.

Martin
Tu peux pas avoir fait ça.

Pierre-Paul
Tu aurais dû te… te préparer à… à faire face à cette… cette éventualité.

Martin
Tu comprends rien.

Pierre-Paul
Il faut pas… pas se faire prendre au piège de la nostalgie. Le temps perdu… est perdu. Il faut partir.

Martin
Tu vas repartir tout seul. Moi, j'ai une vie à vivre, ici.

Pierre-Paul
Écoute…

Martin
Je suis enfin heureux. Pour la première fois de ma vie, vraiment heureux. Je travaille pour le syndicat. J'aide les travailleurs à s'organiser pour racheter leur moulin, reprendre en main leur avenir.

Pierre-Paul
Le destin de ce moulin est décidé. Il tombera en ruine. C'est idiot de vouloir le racheter.

Martin
Idiot pour toi pis pour la compagnie. Vous y croyez pus. Mais le monde ici, tout ce qui leur reste, c'est l'espoir. Fa qu'arrêtez d'essayer de leur enlever ça.

Pierre-Paul
Ton avenir n'est pas ici.

Martin
Mon avenir se trouve là où j'ai un passé.

Pierre-Paul
J'ai… j'ai besoin de toi.

Martin
Retourne dans ta ville. Enferme-toi dans ton bureau, dans ton métro, dans ta chambre. Enferme-toi sur toi-même.

Pierre-Paul
Rappelle-toi tous les bons moments qu'on a eus ensemble.

Martin
Je vais racheter la maison.

Pierre-Paul
Je t'ai emmené voir des matchs de hockey, des parties de baseball. On jouait ensemble dans le parc. On s'amusait.

Martin
Ton médecin va me la revendre.

Pierre-Paul
Je t'ai fait découvrir les merveilles de la science et des arts dans les musées.

Martin
C'est ma maison.

Pierre-Paul
Martin!

Martin
Lâche-moi.

Pierre-Paul
Je vas l'incendier, c'te maison de malheur. Pus personne va y vivre. Personne.

Martin
T'as bien fait de la vendre. On peut pus te parler, toi. Le médecin, lui, y va me la revendre.

Pierre-Paul
Stie de chrisse ! Y en a pas de médecin ! Pas ! J'ai inventé ça pour te faire décoller. Je pensais que ça te déciderait à repartir avec moi. Mais… Non ! Non ! Tête de mule !

Martin
T'es malade.

Pierre-Paul
Tu t'entêtes à vouloir rester dans c'te maudit village. Village de honte ! Ici, c'est la honte qui marche sur les trottoirs, qui roule dans les rues, qui habite les maisons. La honte ! Sale, crasseuse, souillante ! Honte !… Je voulais te sauver de ça… Si tu restes ici, tu vas finir comme Bobotte !

Martin
C'est ça, hein ? Ça ! Pas moi. Pas Cindy. Pas la maison. Mais p'pa.

Pierre-Paul
Tu comprends pas.

Martin
T'as jamais eu le courage de te tenir debout devant lui. Même pas le courage de faire face à son cercueil.

Pierre-Paul
C'est pas ça.

Martin
T'as attendu la mort de m'man pour te venger. C'est pour ça que tu veux vendre la maison, pour effacer toutes les traces de p'pa. Parce que t'as toujours eu honte de lui. Mais moi, je suis fier de mon père. Depuis que je travaille avec les gars du moulin, je comprends mieux qui il était… Pis je te laisserai jamais m'enlever son héritage. Dehors. Sors d'ici. Je veux pus te revoir. Pis si t'essayes quoi que ce soit pour m'enlever la maison, moi, j'aurai pas peur de me servir du fusil.

Simone
Des flambeaux ! Des hommes vont de maison en maison ! Du feu partout ! Y rient… Arrêtez !

Pierre-Paul
Maman !

Simone
J'étais juste une p'tite fille de six ans… Y ont ri de moé. Ma mére m'artenait. Je voulais les fesser, les mordre, les hommes avec les flambeaux.

Pierre-Paul
Ce soir-là, lorsque tu es rentrée du bingo, je brûlais de rage, dans ma chambre, sous les couvertures. Il était en moi, lui. Dans tous les coups de poing, tous les coups de pied qu'il m'avait donnés, ce soir-là. Maman !

SIMONE
Le feu saute dins châssis. Mon pére crache à terre.

PIERRE-PAUL
La rage de l'impuissant.

SIMONE
Moé, je veux me tourner de bord, rentrer chez nous. Mais ma mére me force à r'garder toute l'affaire, même si je pleure… Je veux pas argarder ça.

PIERRE-PAUL
Quand t'es venue me consoler, mes larmes étaient du feu.

SIMONE
Lâche-moé, m'man. Veux pas argarder ça…

PIERRE-PAUL
Quand tu as posé tes mains sur moi, ma rage se nommait Gilbert. Elle grondait à travers tout mon corps.

SIMONE
Je me débats comme un diable. Les maisons brûlent. Monsieur le curé lance de l'eau bénite sur le feu.

PIERRE-PAUL
Maman, il faut le mettre en prison. Il faut l'enfermer.

SIMONE
C'est pas ça qui va éteindre le feu.

PIERRE-PAUL
Tu m'as dit non. Tu m'as toujours dit non.

SIMONE
Je suis dans le feu, moé itou.

PIERRE-PAUL
Tu ne voulais pas que je dépose une plainte contre lui. Tu voulais le protéger, lui.

SIMONE
Me voué, la robe en feu, des flammes rouges dans les cheveux.

PIERRE-PAUL
Pourquoi m'as-tu rejeté une deuxième fois, maman ? Tu m'as dit de partir. Si quelqu'un devait quitter la maison, c'était moi. Comme lui, tu m'as traité de brasseux de marde.

SIMONE
Je brûle !

PIERRE-PAUL
Tiens. Tiens. Tiens. Je t'ai giflée. Je t'ai poussée contre le mur. Je t'ai tiré les cheveux. Je t'ai jetée par terre. Je t'ai donné des coups de pied. Tiens.

SIMONE
Urbain brûle avec moé.

Pierre-Paul

Après, j'ai tout lancé contre le mur… La lampe de chevet, le vieux *Larousse,* le prie-Dieu, le *Ecce Homo*!

Simone

Vous êtes pareils.

Pierre-Paul

Je t'ai frappée parce que je voulais le tuer, lui. J'ai toujours voulu le tuer.

Simone

T'es parti en furie. J'étais seule dans ta chambre, toute dépeignée, une manche de ma robe déchirée. Je saignais du coin de la lèvre… Deux pareils… « Papa a dit qu'y faut que tu partes. » T'avais les yeux d'Urbain quand y faisait sa valise. Les yeux du fils humilié. Pis toute ce que j'avais voulu oublier m'est revenu, là. Mais je pouvais pas parler… J'ai ramassé tes affaires. J'ai mis de l'ordre dans ta chambre pour faire de l'ordre dans ma tête… Le *Ecce Homo*. La vitre était cassée en morceaux sur la face de Notre-Seigneur… Quand je suis allée me passer une débarbouillette d'eau froide sur le visage, dans le miroir, j'ai vu la p'tite fille dans sa robe de feu. Pis je me suis demandé : « Qui va la sauver, elle ? » J'ai pris une pilule pour les nerfs pis je suis allée me coucher contre ton pére. Quand y m'a prise, j'ai senti le feu de French Town me brûler dans le ventre.

Pierre-Paul

Fiat voluntas tua.

CINDY
Stie! Stie!… Stie! Stie!

MARTIN
Qu'est-ce qui se passe?

CINDY
Mort. Y est mort. Stie! Stie!

MARTIN
Cindy?

CINDY
Garage. Mort. Du sang. Stie! Stie!

PIERRE-PAUL
J'ai rien ressenti.

SIMONE
On ressent rien.

CINDY
Partout du sang! Stie! Stie!

PIERRE-PAUL
Je me souviens pus trop comment ça s'est passé. J'étais dans le garage…

Pause.

Y a des boîtes partout dans c'te garage-là. Toutes sortes de vieilleries. Le passé en boîte. Je les ai ouvertes. Je pensais trouver dans une des boîtes des affaires à Gilbert. Des vêtements, je sais pas. Il y avait ses outils dans le grand coffre, sur l'établi. Des p'tits pots de vis, de clous. L'égoïne, la scie mécanique. Une équerre. Un niveau. Des tiroirs pleins de gugusses, de cossins, de machins divers. J'ai ouvert des portes d'armoire. Vidé des boîtes de carton. Effleuré du bout des doigts les objets qu'il avait pris dans ses mains. Là, trouvé une combinaison de mécanicien. Me la suis mise sur le dos. C'était comme si j'enfilais sa peau. Y avait encore des taches d'huile sur le devant. De vieilles taches d'huile.

MARTIN
Cindy !

CINDY
Le fusil.

PIERRE-PAUL
Marché en rond dans le garage. Tenté de me souvenir comment il marchait, lui. Bobotte !… Bobotte !… Bobotte !… Je me suis mis à sacrer comme lui.

CINDY
Stie de câlice de…

PIERRE-PAUL
Tabarnak de câlice d'ostie de chrisse, ciboire ! Tenté de trouver sa langue. « Icitte câlice. Arrive icitte, toé. Chrisse, pas peur. J'te mangerai pas, stie. T'as à pleurer de même ? Pleure pas de même, sacre. Pas une fille, stie. »

Cindy
Fusil.

Pierre-Paul
L'ai trouvé dans une armoire.

Cindy
Du sang.

Pierre-Paul
Fallait que je le prenne, que je le caresse. Trouvé les balles. Mis une dedans. Mon cœur bat fort.

Simone
Ton cœur battait fort.

Pierre-Paul
Marché dans le garage comme si j'étais dans une forêt. Comme si y avait du gibier de caché derrière les boîtes. Les yeux grands ouverts. Les oreilles aux aguets. J'étais dans lui, y était dans moé. Je le sentais. J'étais lui pis y était moé. On était le même câlice. Sur le bord d'un chemin de terre battue. Le pick-up parqué. On s'enfonce dans le bois. Les deux.

Cindy
Pierre-Paul. Stie! Stie!

Pierre-Paul
Moé pis lui. Deux ombres dans le bois. «Parle pas. Écoute.» Des branches qui craquent. Des oiseaux qui s'envolent. «Où t'es?» Le voué pus. Y est en arriére?

Y est en avant ? Panique. « Panique pas. » Tourne. Des bruits tout autour. Comme une spirale autour de moé. Chus dans le garage entouré de boîtes. Pis chus dans le bois entouré de bruits. Lui marche. Les arbres rient de moé. Bobotte ! Y est autour de moé. Chus dans sa peau. Bobotte ! Le voué là. Là. Un miroir. Un trou de lumiére. Une éclaircie. Lui, là. Dans ses *coveralls* tu sales. Lui, là. Fusil dins mains. Lui, là, qui me regarde, qui se regarde. Moé pis lui. Deux ombres qui se croisent un moment, qui se voué. Fusil dins mains. Vers lui. Vers moé. Lui. Moé. Mets le canon dans la bouche.

CINDY

Stie ! Stie !

PIERRE-PAUL

Moé pis lui comme un. Feu !

CINDY

Stie de câlice ! Y s'est tiré une balle dans tête ! Qu'est-cé qu'on va faire ?

MARTIN

J'appelle la police.

PIERRE-PAUL

Stie ! Stie !

SIMONE

Dans French Town, les méres faisaient blanchir les draps en les étendant sur l'herbe pour les faire sécher au soleil… Comme toutes les femmes faisaient le lavage le même jour de la semaine, c'était comme si y était tombé des grands carreaux de neige sur l'herbe autour des maisons. De la neige en plein été… Quand tu regardais trop longtemps les draps blancs au soleil sur l'herbe, tu pognais le vertige, pis c'était comme si tu pouvais tomber dedans c'te trou blanc. Trou blanc. Blanc comme l'éternité.

CHOIX DE JUGEMENTS

Note de l'éditeur

Lors de sa présentation au TNO en 1993 et de sa publication au Nordir l'année suivante, la pièce *French Town* a provoqué un fort débat chez les spécialistes des écritures minoritaires, débat qui s'est poursuivi pendant de nombreuses années. Le lecteur qui désire en apprendre plus à ce sujet peut consulter l'article de Lucie Hotte et Johanne Melançon, « De *French Town* au *Testament du couturier*: la critique face à elle-même »[1], dans lequel les chercheuses font, entre autres choses, un état de l'évolution du discours sur l'œuvre dans le temps. Elles dénombrent trois périodes principales, soit (1993-1994) la production de la pièce; (1994-1996) la publication et la réédition de la pièce, incluant la réception du prix du Gouverneur général; (1996-2003) les analyses subséquentes.

Nous nous limitons dans cette section à présenter quelques extraits de critiques et de textes témoignant de la diversité des points de vue exprimés sur cette œuvre

1 *Theatre Research in Canada / Recherches théâtrales au Canada*, vol. 28, n° 1, 2007, p. 32-53.

pluridimensionnelle, aujourd'hui devenue un classique du répertoire francophone, qu'est *French Town*.
Les personnages s'annoncent captivants. Ils ont l'ampleur des personnages dostoïevskiens. On sent leur isolement physique et intérieur. Les premières scènes nous situent dans l'antichambre des grands drames russes… On y restera. Car l'action dramatique se fait attendre, se déclingue vite et sombre dans des narrations interminables. Les personnages n'échangent entre eux que rarement et, sans but, sans susbstance, nous livrant que leur incapacité à communiquer. […] J'aurais tant souhaité que le Théâtre du Nouvel-Ontario engage cette décennie avec un succès éclatant. On assiste plutôt à une production de haute tenue, fidèle à la tradition de cette compagnie, mais au service d'une œuvre résolument mineure.

Bonfield Marcoux, « Michel Ouellette, *French Town*, pièce présentée par le Théâtre du Nouvel-Ontario en coproduction avec le Théâtre français du Centre national des Arts, du 24 mars au 3 avril 1993, à Sudbury », *Liaison*, n° 72, 1993, p. 37.

… la question universelle de l'identité qui est posée, [du] déchirement entre la singularité personnelle et l'identité collective, entre l'appartenance et l'exil. Une très rare qualité d'écriture. […] une pièce dense et forte qui s'inscrit dans la grande tradition tragique. Le destin implacable qui s'acharne sur les personnages les place dans une universalité qui déborde le cadre de cette petite ville industrielle du nord de l'Ontario, où ils sont emprisonnés. Une langue d'auteur : dramatique et efficace.

Jury, prix du Gouverneur général, 1994

J'aime à lire, à voir, à entendre le théâtre lorsque, comme ici, il livre la synthèse d'une expérience humaine, tragique ou bouffonne, réaliste, fantaisiste ou mythique. Et si la synthèse a pour vous une connotation artificielle, eh bien vous y êtes, j'ai goûté de *French Town* son parfum synthétique et j'ai apprécié de croire à la fois à ce double drame qui se (re)constituait et à l'opération constructrice elle-même. Le théâtre, chez Michel Ouellette, n'est pas une réplique de la vraie vie ; il en est un microcosme où chaque élément, chaque événement est résumé à sa substantifique mœlle.

Sylvie Bérard, « L'école des dramaturges », *Lettres québécoises*, n° 75, 1994, p. 54-55.

Théâtre au service du peuple, théâtre « pour », où la théâtralité est soumise au projet politique, *French Town* s'inspire de Bertolt Brecht pour bousculer les conventions du réalisme traditionnel, notamment dans le découpage en tableaux thématiques titrés de manière autonome, qui permettent au dramaturge de se dégager des contraintes habituellement liées à l'espace et au temps. La pièce reprend également un des lieux communs de la dramaturgie québécoise en créant deux personnages aux usages linguistiques diamétralement opposés : l'homme devenu impuissant pour avoir emprunté un langage châtié qui n'est pas le sien ; la femme au parler joual qui reste porteuse de valeurs, même si ces valeurs doivent être dépassées. Entre les deux, ce personnage au parler familier en qui résident les valeurs rédemptrices de la pièce.

Lucie Robert, *Voix et images*, vol. 19, n° 3, 1994, p. 672.

French Town, malgré sa structure en clips ou brefs tableaux qui se succèdent comme on tourne les pages d'un album-souvenir, n'apporte rien de nouveau au portrait du colonisé. Ce n'est qu'une question de densité, d'épaisseur.

Je ne serais pas surpris d'apprendre que c'est ce qui a tant plu aux membres du jury du prix du Gouverneur général qui ont pris un malin plaisir à primer une pièce franco-ontarienne mettant en scène un héros qui nous fait honneur comme des caleçons troués sur une corde à linge. [...] Franco-Ontariens, Franco-Ontariennes, tant que sera primé ce genre de discours, vous ne serez pas sortis du bois.

Pierre Karch, « *French Town* de Michel Ouellette »,
Francophonies d'Amérique, n° 5, 1995, p. 91-92.

Toutefois, contrairement à d'autres textes de Ouellette comme *Corbeaux en exil* où le personnage de Pete est seul à s'opposer à l'interprétation unanime du passé collectif, *French Town* propose, de manière beaucoup plus complexe, une attaque multipliée contre la fermeture de la communauté d'origine, et en même temps son maintien par l'intermédiaire d'un récit qui en assure la permanence cachée. C'est bien le rôle assigné à la mère de redresser, non pas le passé événementiel lui-même, mais le récit « tout croche » qui en a été fait. Ainsi, la dramatisation consciente et incarnée de l'origine produite dans l'œuvre théâtrale (et sans doute ici unique au théâtre) permet de représenter dans un cycle sans fin le récit de la destruction de la communaute fermée, la fin nécessaire de ce récit (et de son insertion dans le discours de l'Histoire), et sa renaissance répétée devant un public invisible qui se construit à nouveau comme communauté à même ce texte representé.

Paré, François, « Pour rompre le discours fondateur : la littérature et la détresse », dans *La littérature franco-ontarienne : Enjeux esthétiques*, Lucie Hotte et François Ouellet (dir.), Ottawa, Le Nordir, 1996, p. 19-20.

La critique de Pierre Karch atteste ce que j'évoquais

en début d'article à propos des corps prescriptifs institutionnels. *French Town* peut nourrir évidemment un surtexte identitaire (le mépris et la vindicte en moins), mais le dispositif textuel, sa mise à feu et sa déflagration langagière par les personnages le dépassent. *French Town* ou le surpaysement dépaysant. Arrive un moment où les destins de Cindy, Martin et Pierre-Paul transcendent le passé et ses ombres narrés par la mère. Survient ce point de chute ou de fuite ou d'ancrage ou de rupture où les personnages s'élèvent jusqu'à eux-mêmes, reçoivent la révélation de ce qu'ils veulent être ou de ce qu'ils ne pourront plus être. *French Town* est un miroir brisé où se regardent des personnages en quête d'eux-mêmes, sans savoir que l'image qu'ils cherchaient n'était pas celle qu'ils allaient trouver.

Robert Yergeau, « Postures scripturaires, impostures identitaires », *Tangence*, n° 56, décembre 1997, p. 20.

Biographie

1961	Michel Ouellette nait à Smooth Rock Falls, dans le nord de l'Ontario.
1980	Il participe à un programme d'échange international entre le Canada et le Bangladesh, avec Jeunesse Canada Monde.
1983	Il travaille pour l'Association des centres culturels de l'Ontario (ACCO).
1984-1985	Il travaille pour le Centre des loisirs à Kapuskasing.
1985-1990	Il s'installe à Toronto, où il résidera jusqu'en 1994. Il travaille pour le Centre francophone de Toronto et, par la suite, pour le Canadian Captioning Centre, puis pour le *Magazine Clik*.
1987-1989	Il écrit *Les ordres du jour*. John van Burek, du Théâtre français de Toronto, lui offre une aide dramaturgique pour développer le texte.
1989	Lecture publique de *Les ordres du jour* dirigée par Sylvie Dufour. Théâtre du Trillium, Ottawa.
1990	Au printemps, il effectue une résidence d'auteur au Théâtre du Trillium, à Ottawa.
1991	Il occupe la présidence du Conseil d'administration de Théâtre Action jusqu'en 1995. • Il est auteur résident au Théâtre du Nouvel-Ontario de Sudbury pour la saison 1991-1992. • Lecture publique de *Corbeaux en exil* dirigée par Dominique Lafon. Théâtre du Trillium, Ottawa.

1992 Publication de *Corbeaux en exil*, théâtre, Le Nordir. • Présentation de *Lavalléville*, une adaptation de l'œuvre d'André Paiement. Mise en scène de Sylvie Dufour. TNO, Sudbury.

1993 Présentation de *French Town*. Mise en scène de Sylvie Dufour. TNO, Sudbury.

1994 Il s'installe à Gatineau, où il vit toujours. • Publication de *French Town*, Le Nordir. • Il remporte le prix littéraire du Gouverneur général, catégorie théâtre, pour *French Town*.

1995 Présentation de *Le Bateleur*. Mise en scène de Sylvie Dufour. TNO, Sudbury. • Publication de *Le Bateleur*, théâtre, Le Nordir. • Publication de *Cent bornes*, avec Laurent Vaillancourt, beau-livre, Prise de Parole, 1995. • Il obtient le prix du Consulat général de France à Toronto pour la contribution de son œuvre à la littérature ontarienne d'expression française. • Il est finaliste au prix Trillium pour *French Town*.

1996 Il entame une résidence d'auteur au Festival international des francophonies en Limousin à Limoges, en France, où il séjournera jusqu'en 1997. • Présentation de *Duel*. Mise en scène de Pier Rodier. Compagnie Vox Théâtre, Ottawa.

1997 Présentation de *L'homme effacé*. Mise en scène de Sylvie Dufour. TNO, Sudbury et Québec • Publication de *L'homme effacé*, théâtre, Le Nordir. • Lecture publique de *L'occupante* en solo, Festival des francophonies, Limoges, en juin. • Lecture publique de *L'occupante* dirigée par Annick Léger, de *Fausse route*, dirigée par Isabelle Belisle et de *La dernière fugue*, dirigée par Nadine Desrochers, Théâtre la Catapulte, Ottawa, en octobre. • Lecture publique de *La dernière fugue* dirigée par Martin Faucher. Semaine de la dramaturgie québécoise, CEAD, Théâtre d'Aujourd'hui, Montréal, en décembre.

1998 À l'automne, il effectue une résidence d'auteur au

Département des lettres françaises de l'Université d'Ottawa. Nouvelles représentations de *L'homme effacé* au Théâtre du Trillium. • Lecture-spectacle de *King Edward* dirigée par Annick Léger. Théâtre la Catapulte. Ottawa.

1999 Publication de *Tombeaux*, roman, L'Interligne. • Publication de *La dernière fugue* suivi de *Duel* et *King Edward*, théâtre, Le Nordir. • En mars, il effectue une résidence d'auteur à La Fabrique de Théâtre, en Belgique. • Lecture publique de *Fausse route* dirigée par Louise Latraverse. Quinze jours de la dramaturgie des régions. CEAD et Théâtre Action, Ottawa, en juin. • Lecture publique de *Requiem* dirigée par Gill Champagne. Semaine de la dramaturgie, CEAD, Théâtre d'Aujourd'hui, Montréal.

2000 Il reçoit le premier prix du Concours d'œuvres dramatiques de l'Association des théâtres francophones du Canada pour une pièce inédite, *Aux voleurs!* • Il est finaliste au prix Trillium pour *La dernière fugue* suivi de *Duel* et de *King Edward*. • En mai, il effectue une résidence au CEAD, au Centre d'art d'Orford. • Il préside pour une deuxième fois le Conseil d'administration de Théâtre Action (jusqu'en 2002). • Lecture publique de *La maison Cage* (autres titres: *Intérieur nuit, Retours à la fosse*) dirigée par Michel Tanner. Semaine de la dramaturgie, CEAD, Théâtre d'Aujourd'hui, Montréal.

2001 Publication de *Requiem* suivi de *Fausse route*, théâtre, Le Nordir. • Il est finaliste au prix littéraire du Gouverneur général, catégorie théâtre, pour *Requiem*. • Lecture publique de *La maison Cage* (autres titres: *Intérieur nuit, Retours à la fosse*) dirigée par Michel Tanner. Festival du Carré, Centre Dramatique Hainuyer, Mons.

2002 Publication de *Le testament du couturier*, théâtre, Le Nordir. • Il remporte le prix Trillium, la plus haute distinction littéraire pour francophones en Ontario, pour *Le testament du couturier*.

2003 Présentation de *Le testament du couturier*. Mise en scène de Joël Beddows. Théâtre la Catapulte, Ottawa et Québec. • *Le testament du couturier* remporte le Masque 2003 de la meilleure production franco-canadienne.

2004 Il obtient une maîtrise de l'Université d'Ottawa. • Présentation de *Le testament du couturier* en espagnol à Barcelone. • Présentation de *Willy Graf*. Mise en scène de Robert Bellefeuille et de Marcia Babineau. Théâtre de la Vieille 17 et Théâtre l'Escaouette, Ottawa et Moncton.

2005 Nouvelles représentations de *Le testament du couturier* à l'Espace libre, Montréal.

2006 Publication de *Frères d'hiver*, poésie, Prise de parole. • Il effectue une résidence d'auteur au CEAD, à Lennoxville. • Présentation d'*Iphigénie en trichromie*. Mise en scène de Geneviève Pineault. TNO et Théâtre la Catapulte, Sudbury et Ottawa. • Lecture publique de *Götterdämmerung* dirigée par Geoffrey Gaguère. Semaine de la dramaturgie, CEAD, Théâtre la Licorne, Montréal.

2007 Publication de *Willy Graf*, théâtre, Prise de parole. • *Recherches théâtrales au Canada* publie au printemps (vol. 28, n° 1) un numéro complet consacré à l'œuvre de Ouellette.

2008 Il traduit la pièce *The Blue Light* (*La lumière bleue*), de Mieko Ouchi. • Présentation de *Le testament du couturier* en espagnol à Buenos Aires.

2009 Publication d'*Iphigénie en trichromie* suivi de *La colère d'Achille*, théâtre, Prise de parole. • Présentation de *Cercles polaires*. Mise en scène d'Elif Isikozlu. Projet Rideau, Ottawa. • Publication de *Diane et le loup*, jeunesse, Bouton d'or Acadie. • Il obtient un doctorat en lettres françaises de l'Université d'Ottawa. • Il traduit, en 2009 et 2010, la pièce *Harmonia* (*Harmonie*), de Ned Dickens. • Il débute une collaboration de trois ans comme conseiller dramaturgique avec Les Zurbains. • Nouvelles représentations de *Le testament du couturier* à Buenos Aires.

2010 Publication de *Fractures du dimanche*, roman, Prise de parole.

2011 Présentation de *Frères d'hiver*. Mise en scène de Joël Beddows. Théâtre la Catapulte, Ottawa. • Présentation de *La guerre au ventre*. Mise en scène de Geneviève Pineault, TNO, Sudbury. • Publication de *La guerre au ventre*, théâtre, Le Nordir. • Publication de *Dans le ventre de l'ogre*, jeunesse, Bouton d'or Acadie. • Il reçoit le prix Michel-Tremblay pour *La guerre au ventre*.

2012 Présentation d'*ABC démolition*. Mise en scène d'Esther Beauchemin et Roch Castonguay. Théâtre de la Vieille 17, Ottawa. • Lecture publique de *Götterdämmerung* dirigée par Louise Naubert. Les Feuilles vives, Théâtre Action.

2013 Publication d'ABC *démolition*, théâtre, Prise de parole. • Publication de *Capitaine Baboune*, jeunesse, Bouton d'or Acadie.

2014 Présentation de *La fille d'argile*. Mise en scène de Joël Beddows. Théâtre la Catapulte, Ottawa.

Bibliographie

Sur l'œuvre de Michel Ouellette

Chevrier, Michel, « Franchir les seuils : le théâtre liminaire de Jean Marc Dalpé et de Michel Ouellette », *Glottopol*, n° 9, janvier 2007, p. 93-97.

Hotte, Lucie, « S'éloigner, s'exiler, fuir, la migration comme mise à distance chez Michel Ouellette », *Habiter la distance. Études en marges de* La distance habitée *de François Paré*, Lucie Hotte et Guy Poirier (dir.), Sudbury, Prise de parole, coll. « Agora », 2009, p. 123-145.

Hotte, Lucie, « En quête d'espace : les figures de l'enfermement dans *Lavalléville*, *Le Chien* et *French Town* », *Thèmes et variations : regards sur la littérature franco-ontarienne*, Lucie Hotte et Johanne Melançon (dir.), Sudbury, Prise de parole, 2005, p. 41-57.

Hotte, Lucie et Johanne Melançon, « De *French Town* au *Testament du couturier* : La critique face à elle-même », *Theatre Research in Canada / Recherches théâtrales au Canada*, vol. 28, n° 1, 2007, p. 32-53.

Jimenez, Yolande, « Michel Ouellette : entrer dans le néant, l'organiser et s'engager dans l'inconnu », *Liaison*, n° 76, 1994, p. 10-12.

Kellett-Betsos, Kathleen, « Le Nord littéraire dans le théâtre franco-ontarien », *Revue internationale d'études canadiennes*, vol. 24, automne 2001, p. 129-148.

Lafon, Dominique, « Michel Ouellette : les pièges de la communalité », *Les théâtres professionnels du Canada francophone. Entre mémoire et rupture*, Joël Beddows et Hélène Beauchamp (dir.), Ottawa, Le Nordir, 2001, p. 257-276.

Leroux, Patrick, « Michel Ouellette, l'œuvre correctrice du ré-écrivain », *Voix et Images*, vol. 34, nº 3, 2009, p. 53-66.

O'Neill-Karch, Mariel, « Nouveaux espaces ludiques : quelques réflexions sur le théâtre franco-ontarien depuis 1992 », *Liaison*, nº 132, 2006, p. 5-8.

Ouellette, Michel, « Aveux d'un auteur dramatique sans aveu », *Liaison*, nº 111, 2001, p. 10-13.

Ouellette, Michel, « Parcours sous influence », *Theatre Research in Canada/Recherches Théâtrales au Canada*, vol. 28, nº 1, 2007, p. 54-66.

Paré, François, « Dramaturgies et refus de l'écrivain en Ontario français », *Tangence*, nº 56, décembre 1997, p. 66-79.

Paré, François, *Les littératures de l'exiguïté*, Hearst, Le Nordir, « Essais », 1992.

Sur *French Town*

Bélanger, Louis, « De l'exiguïté comme discours du savoir », *Spirale*, nº 140, mars 1995, p. 15.

Bérard, Sylvie, « L'école des dramaturges », *Lettres québécoises*, nº 75, automne 1994, p. 55.

Dufour, Sylvie (directrice artistique), et Robert Gagné (administrateur), *Rapport de la tournée de* French Town, avril 1994. Archives du TNO aux Archives de l'Université Laurentienne, Sudbury.

Girouard, André, « Le TNO joue *French Town*. Fallait-il vraiment une machine à laver ? », *Le Voyageur*, 31 mars 1993.

Godin, Diane, « *French Town*. Michel Ouellette. », *Nuit blanche*, nº 66, 1997, p. 20.

Halin, Francis, « La folie littéraire dans *French Town* : phénomène d'une "alié-nation" languagière », *Hôtel*, vol. 2, 2003, p. 26-33.

Karch, Pierre, « *French Town* de Michel Ouellette (Hearst, Le Nordir, 1994, 92 p.) », *Francophonies d'Amérique*, nº 5, 1995, p. 91-92.

Karch, Pierre, « Étude psychocritique, jungienne, de *French Town* », Francophonies d'Amérique, nº 15, 2003, p. 81-93.

Lagacé, Martine, Transcription de la critique diffusée le 27 février 1994 dans le cadre de l'Émission *CBOF Bonjour* à Ottawa, Archives du TNO, aux Archives de l'Université Laurentienne, Sudbury.

Marcoux, Bonfield, « *French Town*, pièce présentée par le Théâtre du Nouvel-Ontario en coproduction avec le Théâtre français du Centre national des Arts, du 24 mars au 3 avril 1993, à Sudbury », *Liaison*, nº 72, mai 1993, p. 37.

O'Neill-Karch, Mariel, « Le théâtre », University of Toronto Quaterly, vol. 65, nº 1, hiver 1995/1996, p. 120-121.

Paré, François, « Genèse de la rancœur. Sur trois œuvres dramatiques récentes », *Liaison*, nº 77, mai 1994, p. 33-34.

Paré, François, « Pour rompre le discours fondateur : la littérature et la détresse », *La littérature franco-ontarienne : Enjeux esthétiques*, Lucie Hotte et François Ouellet (dir.), Ottawa, Le Nordir, 1996, p. 11-26.

Psenak, Stefan, « En guise de préface. », *French Town*, 2e éd. Ottawa, Le Nordir, « Théâtre » 1996, p. 7-8.

Robert, Lucie, « De l'inutilité du théâtre au théâtre », *Voix et images*, nº 57, printemps 1994, p. 670-672.

Yergeau, Robert, « Postures scripturaires, impostures identitaires », *Tangence*, nº 56, décembre 1997, p. 9-25.

Table des matières

www.ingramcontent.com/pod-product-compliance
Ingram Content Group UK Ltd.
Pitfield, Milton Keynes, MK11 3LW, UK
UKHW022011260726
13994UKWH00006B/2421

9 782894 239308